まんがでわかる

ドラッカーのリーダーシップ論

Effective Ways to Think,
Behave and Communicate as a Great Leader

Peter Ferdinand Drucker

〔まんが〕nev　〔監　修〕藤屋伸二

宝島社

まんがでわかる

ドラッカーの

リーダーシップ論

目次 Contents

おもな登場キャラクター

赤井 満《みちる》

本編の主人公。旅行代理店で大失敗をして退職し、知らぬ間に生まれ故郷、若草村の村おこし特命村長に任命される。

黒住治《なお》人《と》

若草村役場総務課課長。満の母方の叔父でもある。

中里俊明

満の幼なじみ。若草村の駅員。

シマさん

若草駅のネコ駅長。マスコット的な存在として親しまれている。

白瀬晴子

村おこしプロジェクトのメンバー。若草村役場住民課所属。

浅黄 均

村おこしプロジェクトのメンバー。若草村役場財務課所属。

桃本もも

村おこしプロジェクトのメンバー。若草村役場総務課所属。

青戸哲也

村おこしプロジェクトのメンバー。若草村役場農村振興課所属。

※このまんがはフィクションです。登場する人物、団体名などはすべて架空のものです。
※本書では、監修者のアドバイスを基に、ドラッカーの論述内容をかみ砕いて盛り込んでいます。

編集 ● 宮下雅子（宝島社）
● 神崎宏則（山神制作研究所）
本文デザイン・DTP ● 遠藤嘉浩、遠藤明美、縣 沙紀（株式会社遠藤デザイン）

〈おもな参考文献〉

『経営者の条件』『現代の経営（上・下）』『非営利組織の経営』『イノベーションと起業家精神』『マネジメント 課題、責任、実践（上・中・下）』『明日を支配するもの』（いずれもP.F.ドラッカー 著、上田惇生 訳、ダイヤモンド社）、『まんがと図解でわかるドラッカー』『まんがと図解でわかるドラッカー　リーダーシップ論』（共に藤屋伸二 監修、宝島社）など

※本編の引用文は、上記ドラッカーの著作より抜き出し、適宜原文の表現を補足、表記を統一したものです。

Project 01

村おこし特命村長、誕生

―― リーダーの役割は「人を動かすこと」ではない ――

リーダーの仕事とは何か。その本質をあなたは理解しているだろうか。ドラッカーは、あまりに多くのリーダーがそれについて勘違いしている、と指摘する。
本編の主人公、赤井 満もそのひとり。東京の旅行代理店に勤めていたはずが、なぜか生まれ故郷の特命村長に就任。気を取り直して、幸先のよいスタートを切るつもりだったが……。

都会から
電車を乗り継ぎ
2時間半
私の
ふるさと
山あいの
小さな若草村——
ばんざーい
若草村 特命村
就任おめでと
若草村 村おこし特命村長
ばんざーい
え⁉
私
赤井 満《みちる》
24歳
本日、
この村の
「特命村長」と
なりました——
ばんざーい
え
村長
って
ええ——っ⁉
こんなの
聞いてないよー
俊ちゃん⁉
何コレ⁉
あれ～？
言って
なかったっけ？
ごめん
ごめん
中里俊明(24)
満の幼なじみ。若草駅の駅員を務めている
ばんざーい

計画したのは私だよ、満
！
お、おじさん……
ここでは課長と呼びなさい
黒任治人《なおと》(47)若草村役場総務課課長。満の母方の叔父である
姉さんから聞いたぞ
お前、東京で前の会社を辞めて以来、ブラブラ遊んどるんだろ？
あ、遊んでないもん…
暇しとるんだったら地元のために貢献せい！
す…好きで暇してたんじゃないもん…!!
うわーん

1年前――
都内の旅行代理店で働いていた私は初めて大きな仕事を任されました
○○市役所による研修旅行のコーディネーション
……キミ、ひとりで仕切れる？
大丈夫です係長！
うち程度の規模だとプランからオペレーション、現地との折衝《せっしょう》、コンダクターと全部こなす必要があるんだけど…
私が取ってきた仕事ですから！
責任を持ってやり遂げてみせます！
じゃあキミの後輩をサポートとしてつけるから
うまく使ってやってくれ
よろしくお願いしますー
え
あ…ハイ
そうか
…うーむ
大宮義一郎(29)
満の旅行代理店時代の上司
むぅ
頼りないって思われてるのね
よーし

先輩 この資料は…
それは私がまとめておくわ
じゃあ そちらの手配を私が…
私がやったほうが早いし
あなたたちはもう帰って大丈夫よ!
はぁ…
今日も赤井はひとりで残業か…
頑張ってはいるんだが
こく
大丈夫かね…
旅行当日
わい
わい
今回の担当者はしっかりしてるね
段取りがいいね
よーし 評価は上々だわ…
では、本日の宿泊先にご案内いたします
えっ!?
旅館

予約が明日の日付に…？
そんなハズは…
確認のご連絡もさしあげましたが……
！
あ ハイ その日でＯＫです
プルルル
プルルル… プルルル…
ハイ
あ…
き…今日に変更していただくわけには…？
あいにく先約が…
そ…
そんなぁ――
どうしよう――!?
パニック!!
ざわ
何？
ざわ
予約ミスだって…
えー!?
ざわ
茫然自失となっていた私を見かねた後輩が大宮係長に連絡――
係長のツテで宿を数軒に分け宿泊先を確保することができました…
しかし
当然、客先から大クレームを受け社内でも大目玉をくらい――
前代未聞だよ
信じられないねぇ…
最悪の旅行だったよ

結局、いたたまれなくなった私は退職願を提出したのでした
お世話になりました…
………残念だな
赤井
はい
お前
自分がなぜ失敗したのか理解したのか?
わ…私の頑張りが足りなかったから……?
フーっ
………もういい
責任ある仕事をお前に振ったオレのミスだな
ガーン…
ま
再就職先ではそんな仕事はしないことだな
その後――ショックから立ち直れないまま
数カ月間なんとなく転職活動を続けていた頃に
幼なじみの俊ちゃんから電話をもらったのです――
久しぶりー
満ちゃんまだリフレッシュ中なのー?
じゃあちょうどよかった!

「ちょっと手伝ってほしい仕事があるから戻ってこい」って…
ガタン
ガタン
何の仕事だろ？
フー
東京にいた満ちゃんなら楽勝だよー
とか言ってたけど…
ニャー
ゆ♡
可愛いー
………
満ちゃん！
どんな仕事でもいいか
今度こそ頑張らなきゃ…

俊ちゃん！ひさしぶり
久しぶりー
この子ネコの駅長さん？
ニー
そうそうネコ駅長のシマさんっていうんだー
へー地域振興に一役買ってる感じなのかしら？
おとなしい子ねー
ニー
うん満ちゃんと同じだねー
え？
はいこれ
役場で
黒住のおじさんが待ってるよ
えっ？
「村おこし…特命村長」……？

って
えええ
えええー
ばんざーい
ばんざーい
——と
いうわけで
黒住のおじさんが立ち上げたプロジェクトにいつの間にか応募したことになっており
どさ
どさっ
ほい
これが辞令な
こっちがとりあえず村の資料
最初の仕事は「町づくり支援金」の確保だから
よろしくな!
気づけば
「村おこしプロジェクト」のリーダーである「特命村長」に任命されていたのでした
ハ
ハア…
じゃあな
頑張れよ
えっ
私ひとりでやるの!?
安心しろ
プロジェクトメンバーは各部署からピックアップしておいたから
ぞろり

白瀬晴子(31)
住民課所属
一応、村長直轄のチームだからな
浅黄 均(42)
財務課所属
桃本もも(23)
総務課所属
結果さえ出せば好きにやっていいぞ
じゃあな
俺ァ忙しーから
2回目
ええ〜っ
……
じろり.
青戸哲也(28)
農村振興課所属
バタン…
………って言われても
だいいち、支援金って何？
「地域復活！すこやか町づくり支援金」のことね

あ
ま、まさか…
近所に住んでた
晴子お姉ちゃん
…!?
そうよー
ウフフ
元ミス若草村
結婚してから
少しふっくら
しちゃったのよー♪
(昔)
満ちゃんのことは
お母さんから
聞いてたわよー
何かあったら
私に何でも
聞いてね
ハ、ハイ
……
ウフフ
少し？
えー
支援金
ですが…
コホン
県が町おこし、
村おこしの
事業計画を評価して
審査に通れば
最大3００万円まで
支援金を出して
くれるんです
そう
まずは
当面の活動資金を
確保する——
ということでしょう
な、なるほど
事業計画を
提出して
ヒアリングを
受けるのね…
フン！

東京にいたかどうだか知らないけど
そんな浮ついた状態で仕事なんかできるのかね？
む
申請書とか書いたことあるの!? キミ
むむう～
何この人!? イヤミ～
トラウマ…
前代未聞
役所の人って・・・あのミスを思い出すし苦手なのよね…
……ううん
ぐ
どんな仕事でも
今度こそ頑張るって決めたんだ！
赤井 満です
このたび、村おこしプロジェクトのリーダーに選ばれました
この村は私の生まれ育ったふるさとです
選ばれたからには精一杯、頑張ります！よろしくお願いします！

よろしくね
えっと
私は今日はこの資料に目を通します
あのー みなさんの席は？
私たちはそれぞれ自分の部署に机があるけど
気にせずどんどん指示してね！
いえ…まず私が申請書を作ります
でないと何も始まりませんし、お願いしたいことができたら声をかけますから
とりあえずみなさんは本来のお仕事を優先して進めていてください！
え
でも…
いいってよ行こうぜ
………
………
それから数日間

私は村内の様子を見て回りつつ
役場や図書館の資料に目を通し自分なりに申請書をまとめたのでした
果樹園やさびれがちの温泉街…
どれもパッとしないけど…うーん
ブルーベリー
わかくさ果樹園
そして――
ではこちらが事業計画書になります
地域復活！
「すこやか町づくり」につい
えー調べたところ
この村の温泉は戦国時代から続く歴史があるんですよね
そこで、「ひなびた温泉街」にしかない味わいを逆に地域の強みとしてアピールしていくことで…
あのさぁ

はい
あんたさ オレたちのこと なめてんの？
こんな紙を見せられて「私がやることを決めたので指示に従え」なんて言われて
「はい、そうですか」とオレたちが喜んで動くとでも思っていたわけ？
え？
わ、私はちゃんと事前に調査して…
こんな歴史はみんな知ってる！
ばん!
この程度のリサーチで「地域の強み」？
はっ！
笑わせるね!!
確かに、このプロジェクトではオレたちはアンタの部下という位置づけだが
こんな仕事の仕方はオレたちに失礼じゃないか？
そんな
私はみなさんのために仕事の方針を
こんな会議ひとつで方針を勝手に決められて
オレたちが納得するとでも？
…
オロ
オロ

東京の会社をクビになったのもどうせこんな調子でうまくいかなかったんだろ
むっ
ク、クビじゃありません！
退職願書いたもんっ
フン
どうだか
…農協の人と打ち合わせがあるんで
オレはお先に失礼
ち
ちょっと青戸さん
ガタ
浅黄さんまで
あー…私も
次の予定がありますので
そんな！ちょっと
ま、待ってください
………
こんな状況で会議を続行できず
結局、今日の会議は中止になってしまったのでした
ぽつん…
………な
なんで…？
やはりこうなったか…

おじさん⁉
お前のやり方じゃ
チームはまとまらんと
思っとったわ
！
――ひどい
まさか
わざと反抗的な
人を集めて…⁉
カッ
バッカもーん‼
よりによって
メンバーに
責任転嫁する
とは…
お前は
リーダーの
役割を何だと
思っている？
え…
チ、チームで
成果をあげるために
みんなに仕事を
割り振っていくことじゃ…
⁉
そこが
誤解だ
ちっ
ちっ

※ピーター・F・ドラッカー（1909−2005）：ウィーン生まれ。「現代経営学」あるいは「マネジメント」の発明者。1937年に渡米し、組織改革やマネジメントなどに関する著書を多く執筆。世界初の経営コンサルタントとして大企業の経営改善にも貢献した

コミュニケーションの成立には経験の共有が不可欠だ…。組織においてコミュニケーションは手段（means）ではない。組織のあり方（mode）である。

——P. F. ドラッカー『マネジメント（中）』P.157

だが、お前は チームの方針作りを ひとりで引き受け、 みんなに仕事を 割り振ろうとした
で…でも 事業の目的は わかっているし そのほうが 効率的だし…
お前がそう 判断した 結果がこれだ
………
人が自然と 動くようにする ためには
お前が何を考え 何をしたいと 思っているか
それを徹底的に メンバーに 伝えないとな
………はい

あまりに多くのリーダーが、自分のしていることとその理由は、誰にも明らかなはずだと思っている。そのようなことはない。多くのリーダーが自分の言ったことは誰もが理解したと思う。しかし誰も理解などしていない。…成果をあげるには、自分をわかってもらうために時間を使わなければならない。

―― P. F. ドラッカー『非営利組織の経営』P.30

ついでに…お前 あの4人のことを ほとんど知らない だろう
自分が指示すれば人は動くと 思っていたんだろうが 組織の上下関係だけで 人は動いているんじゃ ないんだよ
う は…はい…
人が自発的に動くチームを 作るには、目標を共有する… いっしょに作り上げることが 必要なんだ!
……!

組織は、もはや権力(force)によっては成立しない。信頼(trust)によって成立する。
――P. F. ドラッカー『明日を支配するもの』P.224
…まあ
お前なら
きっと大丈夫だ
ポンッ
大変だろうが
スタートはそこからだ
しかし
まずリーダーとして
いや、人間として
あいつらに
認められることが
必要だな
がんばれ
そうだったのね…
みんなを知るために
私ができること…
いろいろ
迷った末――
食事会?
はい
あ、あの…私に
思い違いが
あったみたいで……
まずはお互いを
知るために
みんなで
食事会でもと…
…フーン
ま
いいんじゃ
ないの
フン
ホッ
のちに晴子さんが
青戸さんも
「言い過ぎた」と
反省していたことを
そっと教えて
くれました
当然 お前の
ポケットマネー
なんだろーな
何はともあれ
これで第一歩です!

ドラッカーのリーダーシップ論を読み解く

キーワード

マネジメント …… 仕事だけでなくあらゆる局面において「何かやりたいことを、どうにか工夫してやり遂げる」こと。ビジネスにおいて会社や仕事の状況は非常に複雑だが、それに対して「なんとかする方法を考えること」または「その役目を担う人」がマネジメントである。

コミュニケーション …… 共通言語と共通理解の上に成り立つ意思の疎通のこと。仕事上における意志の疎通のためには、目的・目標・進捗状況などの情報の共有化が前提となる。

Project 02

ミッションを決めろ！

──使命感の共有でチームの結束を高める──

「なぜ私たちはこの仕事をするのか」という問いは、案外忘れられがちだ。チームの目的など、誰もが当然わかっている、と思いがちだが、一人ひとりが仕事に求めるものや、見ている景色は異なる。それを理解したうえで、ひとつの使命感を共有することが大切だ。満もまた、チームのミッションを定義するために頭を悩ませることになる。

カンパーイ!
地域振興のための
村おこし
プロジェクト
その参加メンバーで
食事会をすることに
なりました
えーと
みなさん
改めて
よろしく
お願いします!
こちらこそ
よろしくね
はい
よろしくー
よろしく
…

一時は
どうなることかと
思いましたが
ようやくこれで
スタートラインに
立てた気がします
よかった
みんな（?）
リラックス
してる…
ほっ
青戸さんは
不機嫌そう
だけど
お前は4人のことを
ほとんど知らないだろ
！
そうだ

このプロジェクトに加わった理由？
はい
みなさん、それぞれどんな理由で参加されたんですか？
あら…そうねぇ
自薦の人と他薦の人がいるけど
村おこしなんて楽しそうじゃない
私は立候補したわ♪
…私は実家が温泉旅館なんですけどすっかり廃れてしまって…
少しでもお客さんを戻せればと…
確かに…
この村も過疎化が深刻でお年寄りが増えてきましたからねぇ
若い人にも魅力ある地域づくりのきっかけになれば、と思いましてね

浅黄さんは財源確保が目的だろ
まぁ、財務課ですからねぇ
そういう青戸さんは？
地域の活性化なんだから農業や農家との連携は不可欠だろ
農協担当はオレしかいないし
指名されたんだよ
なるほど…
ふむ
同じ仕事仲間ではあるけれども
見えている景色はみんな違う
それぞれが抱いている思いや仕事に求めているものは違うんだ…
「やるべきこと」なんてわかりきってる？
——いいえ
みんなの仕事に対する思いを理解しなければ
やりがいなんて感じてもらえないってことなのね

アンタは無理矢理祭り上げられたんだよな
あー エヘヘ… い、いえ！
ゴホン
私だって やるからには村おこしを成功させたいですよ！
でも、みんながそれぞれ違う思いで仕事をしているとなると
うーん
チームの目標を考えるのは難しそうですよねー
あー そのことだが… 満
え？
このプロジェクトがそもそも何なのか もっと根本から考える必要があるな！
もぐ
もぐ
!?
おじさん!?
いつの間に？
課長だ

わたしは最初からいたぞ
観光客を呼び込んで昼間人口を増やす
名産物の売上を伸ばして収益を高めるなど求める成果はあるだろう
だが、それらは具体的な数値目標にすぎない
何のためにそんなことをするのか
価値観を共有しておく必要がある！
事業の定義ってやつですか？
うむ
お互いの仕事への思いを知り
そのうえで
みんなが納得できる価値観をチームとして共有することだ

実は、「われわれの事業は何か（“What is our business?”）」との問いは、異論（dissents）を表に出すことに価値がある。それによって、互いの考えの違い（fundamental differences）を知ることが可能となる。互いの動機と構想を理解したうえで、ともに働くことが可能となる。

——P. F. ドラッカー『マネジメント（上）』P.98

ふーん
なんだか難しいわねー
つまり
行動の指針となる考え方を共有しようってことさ
もし「売上を上げる」がオレたちの根本的な価値観だとしたら
数字を伸ばすためなら何でもあり、になってしまうだろ
オレたちなりに「正しいやり方」で売上を伸ばしたい
という形があるはずなんだ
仕事における使命のようなものですかね
ミッションと言い換えてもいいかもな
そっか…
その基本的な姿勢を共有しようってこと？
私たちがこの仕事で共有すべき使命は何か？
ということですね
ああ

それが決まらなくちゃ
オレたちも始まらない
逆に、それが決まればオレたちも自分で考えて行動できるようになる！
う…
重要なのはカリスマ性ではない。…リーダーが初めに行うべきは、自らの組織のミッションを考え抜き（think through）、定義する（define）ことである。
――P. F. ドラッカー『非営利組織の経営』P.2
じっ…
……え
えーと
しゅ…
宿題にしましょう!!
（みんなの）

――とは
言ったものの…
チームのミッションかぁ
うーむ
楽しそうじゃない
晴子さんは…自分も含めて地域の人とプロジェクトを楽しみたいということかなあ
浅黄さんは過疎化を止めて人口を増やしたい…
桃本さんは実家の旅館のお客さんを増やしたいってことよね
そして、青戸さんは農家さんたちのサポートとして役に立つことが仕事…
この村の農産業をもっと盛んにしたいってこと
こういった全員のゴールにかなう行動指針なんてあるのかなあ…

ひと言でビシッと決まるものでないとダメだぞ
うーん
「若草村を元気にする」…
とか？
もっと具体的に！
ムム
って言われそうだわ…
却下！
この先に秘湯があるって？
そうそう
※単純温泉だけどかけ流しだし雰囲気がいいんだよ
野菜直
いちご狩り
…………
日帰りの温泉やいちご狩りのお客さん…
数は少ないけど
この村に興味を持ってくれている人はいるんだよね…

※単純温泉：湧出時の泉温が25℃以上で、温泉水1kgあたりの含有物質が1g未満の温泉。無色透明、無味無臭で刺激が少なく、高齢者や病後回復期の人にも適している。日本にはもっとも多い温泉。単純泉ともいう

何が足りないのかなぁ
日帰りのお客さんが多い…
ブツ
村で時間を過ごす機会が少ない…とか?
ブツ
ブツ
ニャー♡
ん?
!
すり
ゴロ
シマさん!
ニャア
やあ満ちゃん!
電車でお出かけ?
俊ちゃんお疲れさま
そうじゃないんだけど
考えごとしながら歩いていたらここまで来ちゃったの
ニャ
あれ
私、いつの間にか駅まで歩いてきちゃってたのね
考えごとってプロジェクトのことかい?
うんまあ
エヘヘ
大変だねー
ハハ

よかったら待合室で休んでいきなよ
ありがとー
よしよし
ゴロゴロ
シマさんはいいねえ…毎日のんびりで
私は…
ニャー
1年前のいま頃は前の仕事を夢中で頑張っていたなあ
あの頃の私は
何を楽しいと思って仕事をしてたんだろう
ニャア
フフ
力づけてくれてるの？
フミャ

シマさんはいい駅長さんだねー♡
いやされるなー
あれ？
満ちゃんまだいたんだ
もう夕方だよ
…はっ
ごめん
シマさんがかわいくてつい、長居しちゃった
構わないよ
鉄道を利用するお客様にもよくそうやって遊んでもらっているんだ
あーやっぱり
駅員さん
東京方面は何分の電車があるかしら？
はい
あと5分ほどでまいりますよ
あら
よかったわあちょうどだったわねえ
ピク
だな

あ
シマさん？
トン
あらっ
ニャア
かわいいネコちゃん
駅員さんの帽子をかぶっているのね
ゴロゴロ
すり
あらあら
甘えん坊さん♡いい子ねー
この駅のネコ駅長さんなんですよ
まあ！えらいのねえ！
ニャー
おいそろそろ電車が来るぞ
あらいいじゃない1本くらい乗り過ごしても！
お茶でも買ってゆっくりしましょ
仕方ないなあ

ほんわ
シマさんは本当に愛想のいい子だなあ
かわいいもんねえ～♡
ニ
ニャー
ニャア
どうしたの？
お腹がすいたの？
駅員さん
この子に何か食べさせてもいいのかしら
少量なら大丈夫です
無塩のにぼしが売店で売っていますのでよかったら
ネコちゃんちょっと待っててね！
せっかく時間ができたんだしおみやげも買っちゃいましょう
ニイ
ああそうだな
チリン
……
はっ
——！
この人たちの滞留時間が延びたおかげで
この土地での消費が伸びた…
そうか！

そうかあ！
「ふれあい」…
「ふれあい」ってことなんだ!!
ビクッ
!?
ニャア♫

「ふれあい」？
ええ
それが
みんなの思いを
ひとつにまとめる
キーワードだと
思うんです！
最初は「若草村を
元気にする」って
いうのを考えて
いたんですけど…
それじゃあ
まだ漠然と
してるな
ええ
「元気にする」って
いうのは結局
「ふれあいを増やす」
ことなんだって
気づいたんです
ふれあいを増やす
とは交流を増やす
ことです
それを私たちの
事業の基本的な
価値観に
つまりミッションに
するんです！

「ふれあいを増やす」…
いいわね！
村の外の人との交流が増えれば
情報発信のチャンスが生まれるものね！
ふむ
地域のよさが伝われば
ビジネスチャンスも広がりそうですね
確かに
村内での交流も情報交換となって
隠れた強みを見つける機会になるかもな
はい
それはきっと収益アップにもつながるはずです
あと気づいたんですけど…
この村にも少ないとはいえ日帰りの観光客が来るんですよね
でもいまは目的地で用事をすませたらすぐに帰ってしまうことが多い
そこでふれあいを増やすことができれば…

滞留時間を増やせば宿泊につなげることができるかもしれない…
ええ
もともとこの村は湯治場だったんですから…
前の仕事…私が旅行代理店で働いていたのも
いまにして思えば
人とふれあって喜んでもらうことを求めていたのかなって思います

考えるべきは、いかなるミッションが有効であって（work）いかなるミッションが無効である（don't work）かである。…ミッションの価値は文章の美しさにあるのではない。正しい行動（right action）をもたらすことにある。

——P. F. ドラッカー『非営利組織の経営』P.2

まぁ
サービス業では当たり前のことなんでしょうけどね
アハハ
うむ…
ズッ
だが、その「当たり前」を共有しておくことがチームには大切なんだ！
儲け主義に陥らない
事業の意義について共有理解を持つことがな！
ズン！
びく
!?

もー おじさん!! びっくりさせないでよー
何がだ？ ここでは課長とよびなさい！
フーン… とりあえずいいんじゃないの
「ふれあいを増やす」を基準として
温泉や農産物のＰＲやサービスの内容を改めて考えてみるってわけですか
こういうキーワードがあれば新しいことも提案しやすいし
自分で判断して行動しやすいわね
誰かの好みで決めたり却下したりすることがなくなりますね
ええ
明日からさっそく具体的な計画を考えていきましょう！
…にしてもこれって満さんがひとりで考えたんですか？
すごいですね
ミッションの共有を通して
なんとかチームとしてのまとまりが出てきた感じです
エヘヘ まあねー♫
半分くらいシマさんのおかげだけど…
あとでにぼしもっていこうっと
ニャア♡

ドラッカーのリーダーシップ論を読み解く

キーワード

事業の定義 …… 「顧客は誰か」を問い、「わが社の事業は何か」（＝お客様のどんな「困った」に効く商品やサービスを提供するのか）を明確にすること。事業の目的は、定期的に見直さなければならない。環境変化に適応するためには、「イノベーション」（事業の再定義）が必要になる。

ミッション …… 事業の使命。社会のある特定のニーズを満足させること。すなわち、「ニーズを知り、ヒト・モノ・カネ・時間を使って、価値を創造すること」＝「顧客を創り出すこと」である。

Project 03

村おこし戦略、いよいよ始動！

―― ミッション、戦略、そして人材配置の関係性 ――

人を配置したり、仕事を与えたりすることを急いではいけない。ミッションが決まって初めてとるべき戦略を練ることができ、戦略が決まって初めて、「誰に任せるべきか」も決まってくるからだ。ミッションが固まり、いよいよ具体的に動き始めたプロジェクトチーム。外部の人の力も借りて進めようとする満だったが……。

若草村に住む人との
そして、若草村の
外の人との
ふれあいを増やすこと
このミッションのもと
まとまることが
できた私たちは
村にある資産を
改めてリサーチ
この村の「強み」として
まず、何を打ち出していくのかを話し合うことになりました
といっても
この村の「強み」かぁ
難しいなぁ
うーん
ぽ
ん
おじ…
課長!?
このへんが参考になるかもな

ドラッカー…この間、教えてもらった人の本？
ああ お前たちもなんとかまとまってきたことだし この機会にちゃんと勉強をしておけばいい
……おじさん
心配してくれているのかなぁ…
じゃーな
いや単純に不安なのかも
昔ながらの農村に ひなびた温泉宿
この村ならでは、のものなんてないに等しいわ
大きな市場に対して事業をアピールするという点では
確かに中小企業としての戦略思考が役に立つかも
大資本を投下して市場を席巻することができない以上
私たちの取るべき戦略は——

創造的模倣とニッチ戦略です！
創造的模倣——他社の成功例を参考にし、より細かなニーズに対応することで、先行企業が取りこぼしている消費者の支持を得る方法
つまり
メジャーな成功例を参考にして
私たちの温泉や農作物をより積極的に打ち出していくというわけです
ニッチ戦略——特定の地域や限定的条件によって生まれる産業のニッチ（すき間、棲み分け）で独占状態を作り、欠かせない存在となること。ポイントは「これ」と定めた商品を「強み」と言えるまで鍛えていくこと
ミッションである「ふれあいを増やす」という価値観をもとに…ですか
はい！
むむ…
なるほど
農作物の地域ブランド化というのはまさにそういうことなのかもしれませんね
理屈はわかるけど…
経営戦略なんて考えたこともないのよねぇー

ともかくひとつずつ
できることから始めていきましょう

仕事が要求するもの（what a job requires）ではなく、その人にできること（what a man can do）からスタートしなければならない。ということは、…（経営者は）一人ひとりの人について考えておかなければならないということである。

——P. F. ドラッカー『経営者の条件』P.116

…とすると必要なのは
廃れた温泉街が復活した事例のリサーチ…
うちで扱いのある農作物の他地域でのPR方法とその成果の調査…ってところか
じゃあ二手に分かれましょうか
私や青戸さんはデータの収集・分析が得意ですが
白瀬さんと浅黄さんは地元のネットワークが強いです
分担したほうがいいのではありませんか？
ふむ
確かにそうですね…
では白瀬さんと桃本さんは温泉街のリサーチを
青戸さんと浅黄さんは農作物のリサーチをそれぞれ進めてください
了解

温泉
ミッションが決まれば戦略が決まる
戦略が決まれば一人ひとりのやるべきことも決まる
逆にミッションがあいまいだと
「仕事」をしているつもりでも間違った方向に進んでしまうことがあるってことね
人の配置（placement）は、あらゆる事業においてきわめて重要な要素である。…人がひとりあるいは小さなチームとして、事細かな監督なしに自主的に（independently）働くとき、彼らの仕事ぶりや成果は単に働きたいという意欲（desire to work）ではなく、よりよい仕事をしたいという意欲（desire to do a good job）に左右される。すなわち配置によって左右される。
—— P.F. ドラッカー『現代の経営（下）』P.157
1週間後——

まずは温泉のPRね！
えー…
温泉自体はありふれた単純温泉ですのでPRとしては打ち出しにくいのですが…
そこで私たちは温泉地全体として街の統一感を出し
街全体で「湯巡り」を楽しめるようにしていくことを考えました
湯巡り
案内板などの表示を統一し
どの風呂でも1日湯巡りができる1日券を販売
観光客の滞留時間を増やしていくのが狙いです
温泉街全体をひとつの宿と位置づけて宿泊客がより自由に温泉を楽しめるようにして復興した例には黒川温泉があります
ふむ…だが
これだけだと過去の模倣だ
もうひとつ味つけが欲しい気がするな

う〜ん……
確かに
あれ？
晴……白瀬さん
少しやせました？
あら♪
うふふ
わかっちゃう？
最近、リサーチを
兼ねて村内の
温泉に通ってた
せいかしらー♪
お肌の調子も
いいのよー♡
血流が改善して
基礎代謝が
上がったのかも
しれませんね
それだ!!
若草村に滞在して
温泉ダイエット!!
健康ブームですし
年配の方にも
アピールできる
メッセージ
ですよね!?
あら
いいわね！
それだとわれわれの
農作物の
リサーチ結果とも
リンクしますね
えっ

リンク？
ああ
近年、作付面積が伸びている果樹のブルーベリーだが
「目にいい」という効能はよく知られているがその他にも高血圧や動脈硬化、がん予防、便秘解消にもいいとされる優れた食材なんだ
PRの新しい切り口になるし梨やブドウ同様、摘み取り体験もできます
ジャム作り体験などができれば交流の機会も増やせますね
それって子ども連れの観光客にも喜ばれそうねぇ
ではその方向で
企画をまとめて事業方針に落とし込みましょう！
こうして私たちはさらにリサーチを重ねて費用、収益のシミュレーションを検討
「地域復活！すこやか町づくり支援金」の事業計画書を作成
県に申請した結果――

無事、支援金が認められました！
おお――――!!
やったー!!
おつかれさん これからが本番だがな
はい！
そう
いよいよ私たちは具体的な事業計画の段階に入ることになったのです

そして――
チュン
チチ…
チュン
チュン
はー
緊張するなぁ～
ドキ
ドキ
有名な芸術家の石川香々美《かがみ》さんかぁ
気難しい人だったらどうしよう…
いえ、これもミッションのためだもの
ぐッ
頑張ろう！
数日前

いよいよ具体的な事業計画を立てるわけですが…
まず、温泉街としてのPR作戦からですよね
ああ
村の温泉宿を取りまとめるにはキーマンを押さえるのが一番だが…
温泉旅館組合の組合長は父ですが
全面的に協力してくれると言っています
それなら話は早そうだな
あとは具体的に案内板や標示、サービスなどの基準を作り、村全体の設備を整えていければ…
ええ
外部に向けてPRしやすくなると思います
「このマークがある温泉は入れます！」みたいなイメージがあればわかりやすいんじゃない？
温泉チケットやパンフレット、浴衣とかにも使えそうだしね
ふむ
…となると力のあるクリエイターの協力が必要になってくるな

そこで名前が挙がったのが芸術家の石川香々美さん
もともと人気モデルとして活躍していましたが数年前に突如、引退
芸術家として創作活動に入るとすぐに大きな賞を受賞した有名人なのです
えっ!?
香々美さんってこの村に住んでいるんですか?
数年前からね
村の人たちとあまり交流はないみたいなんだけどー
フフフ
うちの温泉にはよく入りに来てくれますよ
話したことはないですけど
えーっスゴイ!
スゴイっスゴイ!
全国的に知名度も高いし、話題性もあるからいいかもな

というわけで
香々美さんに
仕事をお願いしに
来たのでした
ブーーッ
ブーーッ
………
あれ？
この時間に
伺うって伝えた
はずだけど…
ガン
ガン
あ
作業中
かしら
…あのぉ〜
ドン
!?
ビクッ
キャ
ん？
ビク
ビク
あ
あの…
あ"ん？
ひぃぃ…
ややくそく
が…

悪かったね
作品の出来が気に入らなくってさ
ハ、ハァ…
で、何だっけ？
あんた学生さん？
ち、違います!!
私、こういう者で…
へー役場の人？
村長？
そーいやそんなこと電話で言ってたねぇ
子どもっぽいし高校生かと思ったよ
ア…アハハ…
ま、いいや適当に座ってよ
あぁお茶はそこにあるからいれてくれる？
え
あ、ハイ
えーと…
一応、初対面だし
私、仕事のお願いに来たんだけどなぁ
トポポ…

…ふーん
それで村外から客を呼ぶために作品《アイコン》を作ってほしい
と
えぇ
…で？
は、はい
駅のロータリーと県道沿いの村の入り口、あと役場通りにもアイコンを使ったオブジェや看板があるといいなーって…
………
もうイメージもあるんだ？
はい！
村の花がバラで鳥がヒバリなのでそれをモチーフにいくつか考えまして
お手もとにある通りに…
案2

ガサ
…………
？
あ
…………
えーと…？
スケジュールがわからないのが不安なのかな？
あの
日程的には2週間位でお願いします
まずはイメージをもとにラフ案を出していただければ…
帰りな
す
…………
え？

あっ　あの!?
そこまで決まっているなら私は必要ないだろ
で、でも香々美さん有名人だし………
へーえ？
ずいぶん安く見られたもんだね？
あ…
そうやってあんたらの思い通りのものを作らせて人のことを客寄せパンダに使おうってことだろ？
そ、そんなつもりは…
言い訳は結構！

冗談じゃない
さっさと帰りな!!
——というわけで
断られてしまいましたので
ぷん
ぷん
別の方法を考えます!!
ていうかあんな社会性のない人と仕事なんてできません!
………
ったく
やっとチームがまとまってきたと思ったら…
はぁ
だがいまの話を聞く限り落ち度があったのはお前だと思うぞ
えっ!?
お前、彼女に仕事を「注文」しに行っただろう?
?
ま、まぁ…お願いしには行きましたけど…

——クリエイターというのはな
ドラッカーが「専門家」と呼ぶ人種の典型だ
専門家…
彼らにはな〝指示〟をしてはいけないんだよ
特定の分野で優れた技能を持った人材《プロ》のことだな
?
彼らに求めるのは成果だけでいい
優れた専門家は成果をあげるために何をやるべきかを自分で判断できるからだ
逆にそこを他者に決められると
極端にモチベーションを下げてしまう

専門職たる者（a professional）は、自らの仕事が何であるべきか、優れた仕事とは何であるべきかを自ら決める（determine）。何を行うべきか、いかなる基準を適用すべきかについて、誰も彼に代わって決めることはできない。彼らは、誰からも監督（surpervise）されない。…コントロールしたり統制したりすることはできない。

——P.F.ドラッカー『現代の経営（下）』P.201

でも、目標を共有することが大事だって…
確かにな
だが、専門家は同業者に評価されることや
自分が熱中できるかどうかを重要視する存在だ
自分で自分の仕事の意味を考えられる人たちなんだよ
……
専門職は、ひとりで働こうとチームで働こうと、自らの貢献について責任をもつ。…専門職は、自らの目標を専門的な目標それ自体から引き出す。…すなわち、彼らの仕事そのもの、仕事の基準、目標、視点が、専門家としての基準、目標、視点によって規定されるということであり、事業の外の世界で決められるということである。
—— P.F.ドラッカー『現代の経営（下）』P.199 ～ 201
まぁ もう一度アタック方法を考えてみるんだな
こうして
私の前には新たなハードルが立ちはだかったのでした——

ドラッカーのリーダーシップ論を読み解く

キーワード

経営戦略……「誰に」「何を」「どのように」販売するのかを決めること。

責　任……働く人から最高の仕事を引き出すために与えるべきもの。

専門職……専門的な知識とスキルを生かして働く人のこと。工学系の技術者や各種研究者のほか、会計士や弁護士、医師、建築士、デザイナー、コンサルタントなど多岐にわたる。

Project 04

専門家《プロフェッショナル》を動かせ！

―― 仕事の託し方がやる気を変える ――

人材を配置し、役割を決めたらあとは仕事を割り振るだけ、と言いたいところだが、そう簡単にはいかない。リーダーは、人のタイプを考えて、やる気がわくような仕事の与え方をする必要がある。
石川香々美に、見事フラれてしまった満。黒住の助言で自分の至らなさを知り、再度、彼女にアプローチしようと考えるが……。

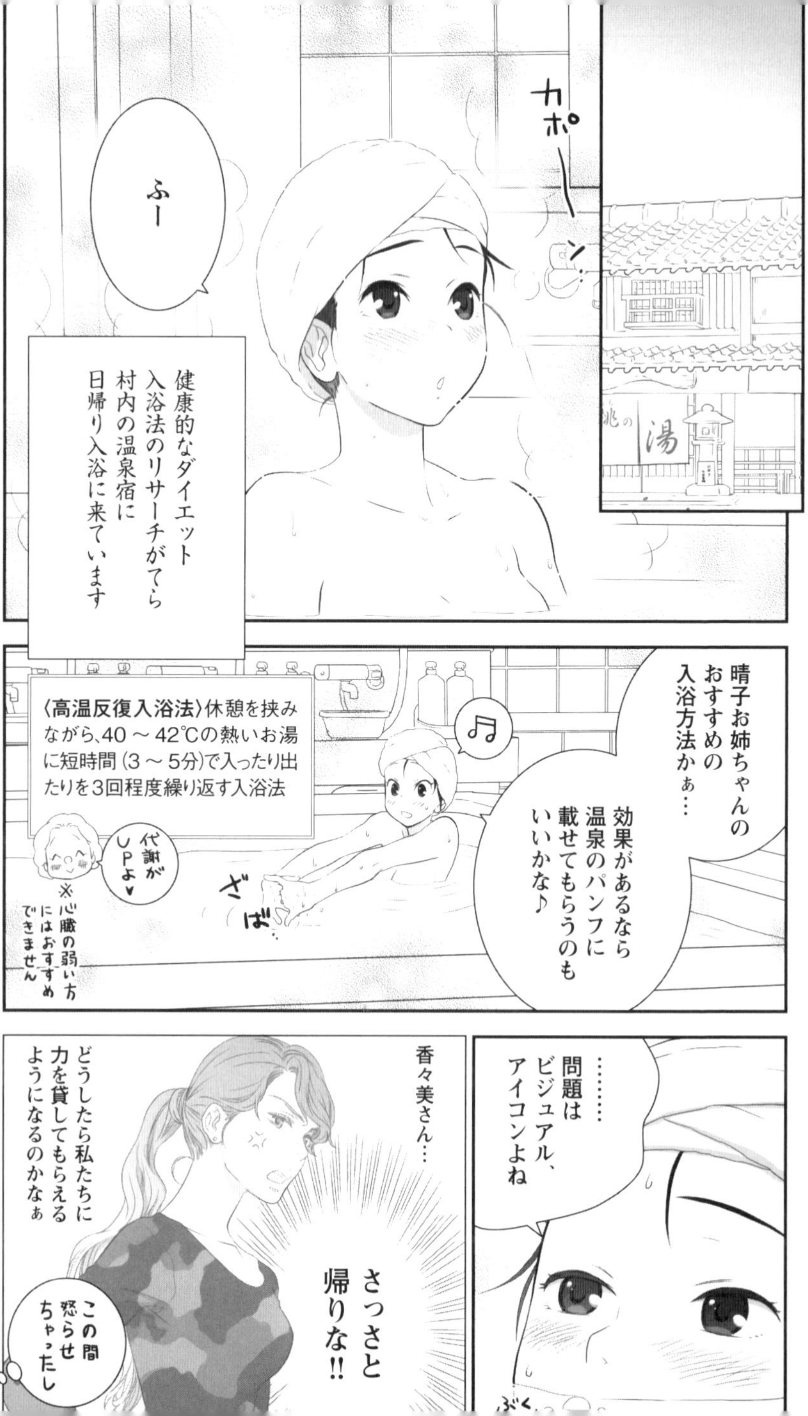
カポーーン…
湯
ふー
健康的なダイエット
入浴法のリサーチがてら
村内の温泉宿に
日帰り入浴に来ています
晴子お姉ちゃんの
おすすめの
入浴方法かぁ…
効果があるなら
温泉のパンフに
載せてもらうのも
いいかな♪
♫
〈高温反復入浴法〉休憩を挟みながら、40 ～ 42℃の熱いお湯に短時間（3 ～ 5分）で入ったり出たりを3回程度繰り返す入浴法
代謝がUPよ♥
※心臓の弱い方にはおすすめできません
ざぶ…
……問題は
ビジュアル、
アイコンよね
ぶく…
香々美さん…
どうしたら私たちに
力を貸してもらえる
ようになるのかなぁ
さっさと
帰りな!!
この間
怒らせ
ちゃったし

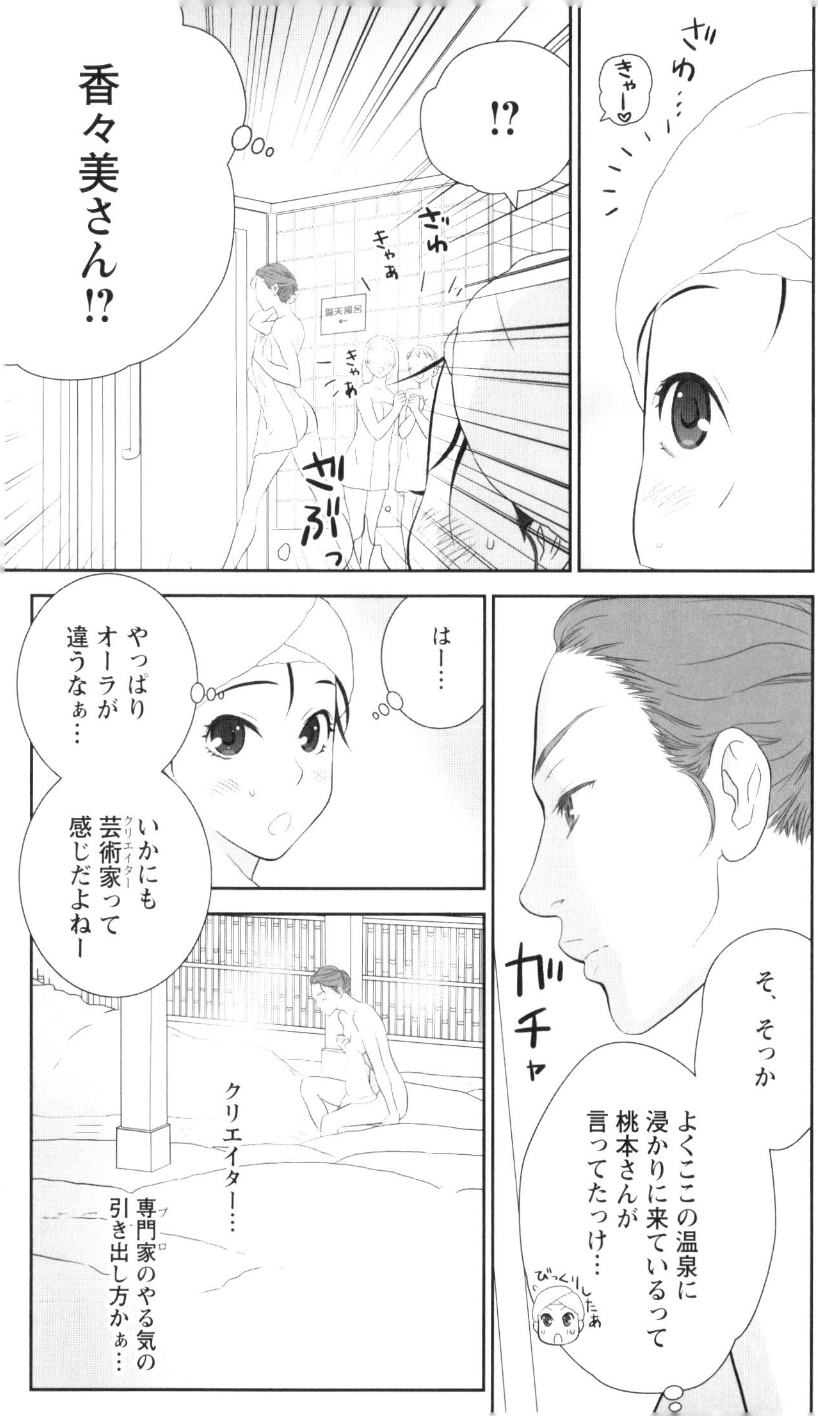
ざわ…
きゃー♡
!?
ざわ
きゃあ
露天風呂 ←
きゃあ
ざぶっ
香々美さん!?
ガチャ
そ、そっか
よくここの温泉に浸かりに来ているって桃本さんが言ってたっけ…
びっくりしたぁ
はー…
やっぱりオーラが違うなぁ…
いかにも芸術家《クリエイター》って感じだよねー
クリエイター…
専門家《プロ》のやる気の引き出し方かぁ…

あのとき、おじさんに教わったけど——
いいか、満
一般社員と専門家ではやる気の引き出し方が違うんだ
やる気の引き出し方…
ですか
〈一般の社員を率いるコツ〉
目標を共有し、強み（得意分野）を生かすような仕事を与えること
そう
一般の社員の場合、自分では自分の強みに気づいていないこともある
!
強み
そこを気づかせ達成感を味わわせてやることが大事だ
目標への進め方は自分で考えさせる
自分のやり方で結果を出すことで自信や誇り、責任感が生まれるんだ
社会人だって「自分」が何者なのかわかっていない人はたくさんいる
リーダーにはそれを気づかせてあげる責任があるんだよ

誇り（pride）や達成感（accomplishment）は仕事と離れては生み出されない。仕事の中から生まれる（grow）ことが必要である。…人は誇れるものを成し遂げて、誇りをもつことができる。…仕事が重要なとき、自らを重要と感じる。

—— P. F. ドラッカー『現代の経営（下）』P.167

対して専門家は自分の強みを理解しているため自分の仕事をどう行うか最初から自己決定できる
〈専門職の社員を率いるコツ〉
目標への理解を得られたら、高い（一流の）成果を彼らに要求する
肩書きの昇進ではなく権限が広がったかどうかを彼らは重視する
評価
仕事に対する報酬（評価）が得られているかを気にするのだ
だからとにかく高い成果を求めること！
評価は彼らの成果に対してのみ下すことが大切なのだ
…一般社員には達成感を得られる仕事を与えることが重要だけど
専門家には大きな難しい課題であっても成果を求めること
かぁ…

――私
香々美さんが
どんな人なのか
ちゃんと知ろうとも
していなかった
まずはそこから
だよね…
翌日――
都内で開催中の個展
「石川香々美の世界」
にやってきました
ザワ
ザワ
ザワ
――とはいえ
ザワ
はー…
?
?
ザワ
なんだか
すごいことは
わかるんだけど
難しいよー
美術展とか
はじめてだし

うーん
うーん
?
?
……ん?
満の旅行代理店時代の上司
大宮義一郎
むー
——あれは
赤井じゃないか
何やってんだあいつ
芸術に興味を持つようなタイプには見えなかったが…
大宮さんはやくー
デート中
若草駅
——それで
作品を見てきたわけなんだけど
あー
どうやったら香々美さん、振り向いてくれるかな〜
ふーん
なんだか恋愛みたいだねー
うう
気持ちはそんな感じかも
ねてもさめても香々美さんだもん
それはちょっと妬けるなぁ
何言ってるのー俊ちゃん!
ほかは順調なのかい?

うん…
青戸さんの問題も気になってはいるのよね
数日前のミーティングにて――
――で
果樹農家のとりまとめに難航してまして…
農家さんの大半が協力的だったと聞きましたけど
ああ
ただ…果樹部会の部会長の熊井さんが渋っているんだ
ブルーベリーの栽培をこの村でいち早く始めた方ですね
すでに独自の販売ルートを持っているので
「村主体で統一ブランドを」という考えになかなか納得していただけないんですよ

プロジェクトについては説明したんですか？
ああ
シミュレーションも提示して この村全体の利益になることは理解してもらったが
「うちの商売にプラスはない」という立場なんだ
何度も訪ねて膝を詰めて話してはいるんだが…
ふー
…満ちゃん？
！
あっごめん俊ちゃん
ううん
いろいろと大変そうだね
エヘヘ
まぁねー
でもとりあえずは香々美さんの件をなんとかしなくっちゃ
「成果を求める」といっても
「村の宣伝になるものを」じゃまた怒られそうだし…

結局、リーダーに求められるものは人を知ろうとする態度だってことだ
これはリーダーの使命だと言ってもいい
そうでなければその人の実力を引き出すこともできないからな

上司は部下の仕事に責任をもつ。部下のキャリアを左右する。したがって、強みを生かす（making strengths productive）ことは成果をあげるための必要条件であるだけでなく、倫理的な至上命令（moral imperative）、権力と地位に伴う責任（responsibility of authority and position）である。…上司たる者は、組織に対して部下一人ひとりの強みを可能なかぎり生かす責任がある。

——P. F. ドラッカー『経営者の条件』P.126

………香々美さんの創作意欲を引き出す依頼の仕方って何だろうなー
チリン

あ
シマさんだ〜♡
ニイ

わあ!!♡
元気づけてくれるのー？
って
ニイ
あれ？
するっ
チリン
あー…今日はシマさんまで冷たい〜
ははは
ネコはマイペースだからね
無理に思い通りにしようとしてもすぐ察して離れちゃうし
僕といるときもつかず離れずの距離が一番くつろいでいるみたいだよ
──思い通り…
…・!

無理に
支配しようと
すると
離れていく…？
チリリ
——それにしても
香々美さんは
どうして芸術家に
なろうと思ったん
だろうねえ
芸能界で
モデルとしても
成功していたのに…
人を
知ること
——香々美さんを
香々美さんの
制作動機は…？
私は
ある美術雑誌で
彼女が自分の
制作テーマを語っている
記事を見つけたのでした

桃《もも》の湯
日帰り 六〇〇円
ふー
きゃあ♥
ピピ…
石川香々美さん！
——なんだ
また
アンタか

もうアンタと話すことはないよ
東京でやってる作品展！
行ってきました！
……で？
っっ
あの…たくさん作品があって
えっと その
大きいのにはびっくりしました
………
ほかには？
あと…丸いのは柔らかそうだなぁ…とか
正直、よくわからなかったんですけど
プッ
はは！変わった子だねアンタ！
作品を依頼したいなら普通は思っていなくても少しは褒めるもんだろ？
っっ
いや
え、えっと

あとは…
なんだか窮屈《きゅうくつ》そうな印象を受けました
……へぇ？
香々美さんの雑誌の記事を読んで
「人間の殻を剥《は》いでいって最後に残るもの…普遍的なものを表したい」って書いてあって…
あの作品展の作品たちはもっともっと大きく広がりたがっているように見えるなって
以前、香々美さんのいた芸能界が厳しい世界だったからなのかな？とか思ったり…
私が言うのもおこがましい気がするんですけど
――ま、そうだね
芸能界がどうだったかなんて下世話な詮索だね
す、すみません
いいよ
クス

作品を見て
どう受け取るかは
見たヤツの自由だ
見て感じたままを
伝えてくれれば
結構うれしいもんさ
はい!
——で
窮屈そう
だって?
は、
はい
!
ほら
——えっと
広がりたいのに
広がれない
という感じ…
だから、もっと
大きな香々美さんの
作品が見たいなって
もっと広い場所で…
自由に伸び伸びとした
大きな作品を見たいと
思ったんです

香々美さんは興味ないですか？
…そういうお仕事に
………
フッ
痛いところ突くね
そういうでかい作品を見てもらえる場所ってのはなかなかなくてね
で？
はい！駅前のロータリーの時計台が老朽化してきたので撤去するという話がありまして
細かい部分は思い切ってお任せしますので
あの場所を使って村のイメージに合う作品を作っていただくというのはどうでしょうか？
自由に？
アンタら…温泉の統一イメージがどうとかって言ってただろ？
あれは？
プロジェクトの目的さえご理解いただければ大丈夫です
あとは私たちも出来上がりを楽しみにしたいな、と

……フーン
おもしろそうじゃないか
明日うちに来な
メシでも食べながら細かい話をしよう
香々美さん…!!
やりました!!
おーっ!!!

費用についても
こちらの予算を
踏まえて
だいぶ抑えて
いただける
そうです
へー
ずいぶん
気に入られた
みたいだな
あれだけ
苦戦していた
のに…
エヘヘ
ええ
まぁ
人は型に
はめ込んでも
動かない
逆にやる気を
リードできれば
どんどん動いて
くれるという
ことだな
はい
私は、初めは
香々美さんを
コントロールしようと
していたんだと
思います

人を問題や脅威として見るのではなく、資源として、機会として見ることを学ばなければならない。管理（manage）ではなくリード（lead）すること、支配（control）ではなく方向づけ（direct）することを学ばなければならない。

――P. F. ドラッカー『マネジメント（上）』P.31

――数カ月後

――県若草村に新名所が誕生しました
石川香々美氏 新作
へえ
しゃこ
しゃこ
!
若草村を創作活動の拠点にしている芸術家の石川香々美さんが手がけたオブジェがこのほど完成し
本日、正式にお披露目されました
現在、若草村では村の温泉や特産物を見直して村おこしに取り組んでいるとのことで
このオブジェもそのプロジェクトの一環だとのことです
石川香々美の新作かー
でかいな
…ん?
あれは
では作者の石川香々美さんと
村おこしプロジェクトのリーダーともいえる
特命村長の赤井 満さんにお話をお伺いしましょう
!?
ブッ
赤井!?
カチ
コチ

何やってんだコイツ⁉
特命村長⁉
まずは石川さん
この作品のテーマについて…
まぁ…見る人に自由に感じてもらえれば
石川香々
は、はぁ
では特命村長の赤井さんは
えっ えっと
あせ
テ
テーマですか！
あせ
私たちのプロジェクトを理解いただいたうえで腕を振るってくださいましたので
――たぶん
人間のつながりに本来宿っているぬくもりのようなものを表現してくれたんじゃないかと…
なるほど
若草村ではこのオブジェをアイコン化して温泉のPRに役立てていると…
はい
このマークがある温泉では1日入浴券が利用できて…
料金は…
なるほど
村おこしか…

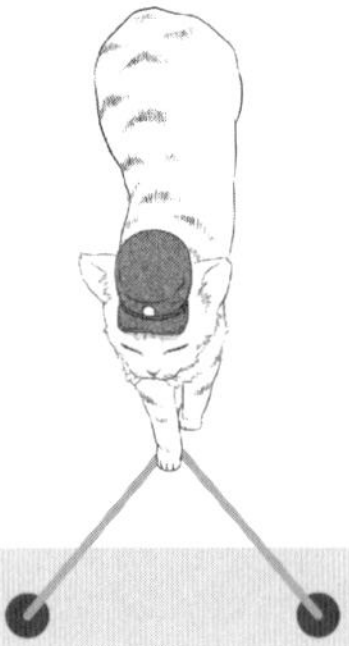

ドラッカーのリーダーシップ論を読み解く

キーワード

モチベーション …… 仕事における人のやる気。①強みを生かせる場所に配置し、②レベルの高い仕事を与え、③自分の仕事を自分で評価できるように明確な情報を与え、④経営者の視点で仕事を見わたす機会を与えることで引き出せる。

仕事のやりがい …… 責任のある仕事を与えられることにより、その成果や貢献からもたらされる達成感や喜び。

Project 05

リーダーこそ強みを自覚せよ！

――チームの成果はリーダーの仕事ぶりで変わる――

策定した戦略に合わせて資源を差配することは、リーダーの役割だが、使命ではない。ドラッカーは、チームの成長はリーダーの成長にかかっているという。そして、リーダーこそ強みを生かして成果をあげよ、という。
青戸が苦戦する農家を訪ねた満は、自分らしさを生かして一歩前進。だが、自分の弱みに気づけないことが支障を招き……。

香々美さんの作品完成からさかのぼること1カ月——
熊井茂雄(52)熊井ファームの経営者にして若草村果樹部会の部会長
こんにちは!
これ、みんなブルーベリーですか?
すごーい
ブルーベリーの花って小さくてかわいいんですね
…………
なんだアンタ?

あ あの
私、最近この村に戻ってきたんですけど
前はこんなにブルーベリーの果樹園を見ることがなかったので珍しくて…
少し見させてもらってもいいですか？
……
あら！
まぁまぁ見学の方？
どうぞどうぞ入って
ありがとうございます
ゆー
いまは何をなさっているんですか？
……
害虫の駆除だ
へぇ
うねうね
害…
ひゃっ!?
ずでん☆
慣れないとびっくりしちゃうわよねぇ
ほほほ
…

す…
すみません
ふん…
軟弱だな
エヘヘ
ひさしぶり
だったので…
これでも私
小さいときは
「虫博士」って
言われて
いたんですよ
俊→
わーい
←満
……
社長さん
私、お手伝い
してもいい
ですか？
もちろん
お邪魔で
なければ…
ですけど
…
あらー
いいの!?
悪いわねえ
よかった
じゃない
お父さん！
奥様
ですか？
ええ、いまちょうど
パートさんが
少なくて困って
いたのよ

急に言い出されてもバイト代の用意なんかできんぞ！
あゎゎっっっっ
いえっ
あの、私が勉強させてもらいたいだけなので！
やらせてもらうだけで本当にうれしいんです
………勝手にしろ！オレは畑を見てくる
ふい．
翌日
熊井さんおはようございます！
それは肥料ですか？
…またアンタか
はい
今日もお手伝いに来ました！

昨日は夕方まで満ちゃんにお手伝いしてもらったのよ
助かったわぁ
エヘヘ
だいぶ慣れましたよ！
今日は軍手も持ってきました
（昨日は借りた）
……
満ちゃん休憩にしましょう
はい！
こちらでは農薬は使わないんですか？
うちは摘み取り体験もしてるしね
木酢[※1]や誘引剤[※2]は使っているけどあとは手作業で取るしかないのよねえ
なるほどー
…あんた
オレに用があるんじゃないのか？

※1 木酢：木材の乾留で得られる、酢酸を多量に含む液。防腐剤などに使用　※2 誘引剤：餌の匂いのする化学物質やフェロモンなど害虫を誘い寄せる薬剤

アンタ、村おこしの特命村長だろ？
青戸くんの…
！
ご存知だったんですか
…はい その通りです この村の農作物の統一ブランドとしてブルーベリーを打ち出していきたいと思っておりまして
黒住さんの姪っ子だろ
村おこしの話がしたいんじゃないのか？
正直だな
だが協力はしてやれんぞ
はい…
青戸から経緯は聞いていますからわかってます
青戸か…アイツはな
頭はいいんだろうがよすぎていかん！
役場の農協担当だからつきあっているが
そうでもなけりゃ…
！

だが
ダメだとわかっているならなぜ…
熊井さん!!
ばん!
?
あの!
奥様から男手も足りないって伺いました
明日、もっと人手を連れてきます!!
…お前
ほほ
だって防鳥ネットをそろそろ張らなきゃいけないでしょ
ちょうどいいじゃない♪
明日なら役場も休みですし大丈夫です!
そして――
わい
わい
わい

くそ
なんでオレがこんなこと…
ぶつ
ぶつ
ま、休日出勤扱いにしてくれるそうですし
上にかけあって
たまにはいいんじゃないですか?
それにしても
彼女…あの熊井さんとずいぶん打ち解けてますねえ
青戸さんの話じゃ気難しい方だという話でしたが…
──確かに
オレでは作れなかった関係を築いているってことか…?

お疲れさまでしたー
お世話になりました
カァ
カァ
助かったわ！これ、うちで採れたお野菜
よかったら持って行って
ありがとうございます！
あと1カ月もすればブルーベリーをあげられるんだけど…
いえ、また お手伝いに来ますね！
収穫もみてみたいですし
今日は本当に勉強になりました
待て
はい
このまま帰るつもりなのか？
人集めまでして
ええ…
私たち農作物のPRをしようって計画を立てましたけど
そもそも農作物を作ることがどんなことなのか…農家の皆さんがどんなご苦労をされているのか…
全然、理解してなかったって気づいたんです

もちろん今日一日で何かがわかったなんて言えませんけど
――また出直して
今度こそ熊井さんにも協力してもらえるようなお話を持ってきます！
………まったく
負けたよ
え
このままアンタらを帰したらオレは単に底意地の悪い人間になるじゃないか
いいだろう
話だけでも聞いてやるよ
あ
ありがとうございます…!!

こうして私たちは果樹部会の協力を取りつけることに成功
ブルーベリーをメインとしてワインビネガーやジャムなどの加工食品を売り出すめどが立ったのです
満さんの体当たりが成功しましたね
っいえ
みなさんが手伝ってくれたおかげです
いままではデータと効率重視で仕事を急ぎすぎていたのかもしれませんね
…………
人を動かすのは結局、人でしかないってことか…
さらに白瀬さんの発案で「ブルーベリー狩り」の企画をさらに「ブルーベリー摘み取り＆ジャム作り体験教室」にバージョンアップ
食育の観点から食べることについて楽しみながら学べる要素を盛り込んだのです
熊井さんのところで満ちゃんが「勉強になりました」って言ってたので思いついたのよ
フフフ

先生なんて
オレぁ、
できんぞ！
私たちが
プレゼンの
お手伝いを
しますから
ブルーベリー栽培に
関する知識をもっと
広めていきましょう！
――うむ
満も少しは
わかってきた
ようだな
誰にだって
弱みはある
ドラッカーは
「上司」と呼ぶが
組織の内外を問わず
上の立場の相手の
弱みを補って動くという
発想もリーダーシップには
欠かせないのだ…！

へつらい（toadying）によって上司（the superior）の強みを生かすことはできない。なすべきことから考え、それを上司にわかる形で提案しなければならない。上司も人である。人であれば強み（strengths）とともに弱み（limitations）をもつ。…それぞれの成果のあげ方（way to make a good performance）があることを知らなければならない。

――P. F. ドラッカー『経営者の条件』P.128

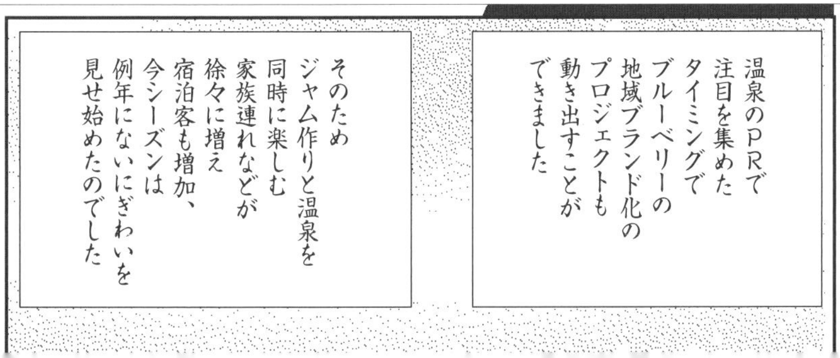
温泉のPRで
注目を集めた
タイミングで
ブルーベリーの
地域ブランド化の
プロジェクトも
動き出すことが
できました
そのため
ジャム作りと温泉を
同時に楽しむ
家族連れなどが
徐々に増え
宿泊客も増加、
今シーズンは
例年にないにぎわいを
見せ始めたのでした

2カ月後——
大浴場
おー 盛況だな〜♪
リサーチ中
この調子なら「来期は予算がつけられるかも」っておじさんも言ってたし
エへへ…順調順調！
ちょっと
時間制限ってどういうこと!?
ざわ
？
も、申し訳ありません
ぷん
ぷん
か 香々美さん!?
！ 満？
どうしたんですか？
どうしたじゃないよ！
客が増えたせいで時間制限だとさ！
こっちはゆっくり浸かりに来てるのに…アホかっての！
そ、そうはいってもお客さんが増えたのはいいことだし…

えー

見なよ
ざわ
ざわ
あそこの寝湯に浸かりたかったのに全然ダメだって
30分も待てないよねー
せっかく来たのにね～
ひなびた温泉宿だから規模の小さい風呂が大半だろ
もともと化粧室も小さいし時間帯によってパンクしちゃうんだよ
こーやってな
注目を集めるためにアンタらが推奨している「ダイエット入浴法」も1人当たりの入浴時間が長くなるしな
なんとかしないとまた客足が遠のくぞ
私が観光客ならこんな状況でリピートしようとは思わないからな
——というわけなので
早急に手を打ちたいと思います！

青戸さん、桃本さんといっしょに入浴時間などお客様の行動と満足度の関係を可視化したデータを作ってくれませんか
浅黄さんと白瀬さんは実地調査を行って温泉宿と利用客の実態を調べてください
データとレポートを総合的に分析して対策を考えてみます
はい！
やっぱり…特色のある風呂に人が集中してたり休憩スペースの広さによって満足度にばらつきがある…
これでは「ひとつの温泉宿」としてこの村を好きになってもらうことはできないわ…
どうしよう
みんなはしっかり仕事をこなしてくれているのに解決方法が見えてこない…
その合間にも
香々美さんと新しい作品の打ち合わせや
パンフレットの作成、スケジュールの調整など
従来の仕事の対応にも追われるようになっていったのです
あの赤井さん…スタンプラリーの企画の件は…
は、はい！チェックするのでそこに…

ドン!!
きゃ
あ、青戸さん…?
この間の印刷所からの問い合わせ
オレが対応しておいたから
!!
あ…!
ご、ごめんなさい
私の仕事なのに…
違うだろ!
え?
あ!
み、みんな……?
…ったく
はあ

あのなぁ
オレたちはアンタの何なんだよ!?
え…？
誰だって万能じゃない…
アンタだってそれはわかってるはずだろ！
そうそう！熊井さんの一件では青戸さんが赤井さんに助けられましたからね
うっ
ま、まぁな…
誰にだって強みと弱みがあるわ
立場がどうあれそれは同じよ

人間集団の基準（standard）というものはリーダーの仕事ぶり（performance）によって決定される。したがってリーダーこそ強みに基づいて仕事をしなければならない。…リーダーの仕事ぶりが高ければ普通の人の仕事ぶりも高くなる。

――P. F. ドラッカー『経営者の条件』P.134

そう
赤井さんの弱みを補うために
私たち、ここにいるんです！
さっき、桃本さんはアンタを助けようとしていたんだ
気づいてなかっただろ
え
スタンプラリーの件…
あ…!!

……！
私、また
あのときと同じ間違いを…？
な、なんで早く言って…
あの状態じゃ言ったって聞きやしなかっただろ？
忙しすぎて
う…
じゃ、資料の整理はオレがやるから
お前がやるより早いしな
みんな…
あなたの弱みが誰かの強みなら補い合えるものね
私たちはチームなんだから
ポジションにかかわらず強みに集中したほうが全体の成果もあがりやすいですし
…で
私の「強み」って何ですかね？
えっ
リーダーとして自分自身の強みを知ること――
こうして私は
自分の新たな課題に気づいたのです――
成果をあげるための秘訣を一つだけ挙げるならば、それは集中（concentration）である。成果をあげる人は最も重要なことから始め、しかも一度に一つのことしかしない。
――P. F. ドラッカー『経営者の条件』P.138

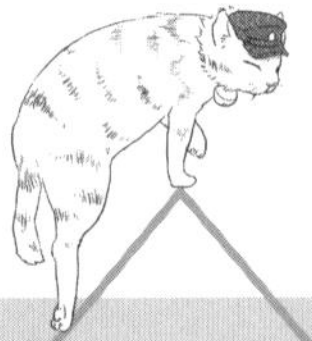

ドラッカーのリーダーシップ論を読み解く

キーワード

上司のマネジメント …… 部下として上司に働きかけ、上司の仕事ぶりに変化を起こし、上司の力が最大限に発揮されるようにリードしていくこと。

強み・弱み …… 「強み」とは他より秀でている点であり、ヒト・モノ・カネを集中的につぎ込むべきところのこと。対して「弱み」とは、致命的なものでない限り、無視するか後まわしにしてもよいもののこと。しかし、「弱み」を克服することで、利益のアップにつながるがるものもある。リーダーは、人の弱みには目をつむり、強みを見出し、それを十分に発揮できる分野の仕事やポジションを与えなければならない。

Project 06

“真摯《しんし》さ”とは何か?

――「正しいこと」を行う勇気――

「リーダーの資格」とは何だろう?　人にはタイプがあるのだから、リーダーシップもさまざまあっていいはずだ。だが、ドラッカーは、どんなリーダーも備えているべき重要な資質がひとつあるという。

満を支え、再び結束を見たチーム一同。だが、満は人の上に立つ者として、資質を試される重大な局面を迎えようとしていた。

私の強み…
リーダーとして私も強みを発揮しないといけない
つまり
自分で自分を知らなければならないってことだよね
スキルや知識じゃない
そんなところでリーダーシップは問われていくものなんだ…
カチ
赤井
彼がこの前話していた水谷だ
あ…
確かIターンでこの村に移住されたとかいう…
ああ

オレの大学時代の後輩でな
にこ
この村で農業を始める前はウェブマーケティング関係の仕事についていたんだ
水谷です
青戸先輩からお話は伺っています
温泉の混雑問題の件お役に立てるかもしれません
本当ですか!
オレの企画メモは読んだだろ?
あ、はい
あの方向で話を進めてみるから
こっちはいったん任せてくれ
じゃあ打ち合わせに行ってくる
はい
お願いします!
プル…

プロジェクトが軌道に乗り、みんなのデスクがこの部屋に用意されました
プルルル・
プルルル
ブルーベリー教室も本格的に動き出し、予約や問い合わせが入り好調な滑り出しです
プル・
桃本さん以外は自分のデスクかな?
はい
お待たせしました! 若草村役場村おこしプロジェクト担当です
ブルーベリー教室の問い合わせなんだけど
今週末の教室って朝10時からでいいのよね?
はい
担当の白瀬が席を外しておりますので
お名前を伺ってもよろしいですか?
倉本よ
子どもと私の3人で参加の
はい…
参加者リス
カチ
カチ
あれ?

すみません
その日の予約にお名前は入っていないようなのですが…
そんなはずないわよ
ちゃんと白瀬さんに昨日お願いして「大丈夫」って言われたもの！
「定員は埋まっているけど何とかする」って聞いたわよ
え？
………それ、本当ですか？
白瀬さんの親戚のお子さんも融通をきかせてもらったって聞いて申し込んだのに
何よ！話が通ってないの!?
？
え、ええとそれは…
あっちょっと…
とにかくOKをもらっているんだから
白瀬さんから折り返しの連絡をちょうだいね！
ガチャ！
………
いったい…？

熊井さんのブルーベリー教室は
企画発案者の白瀬さんが担当になり、参加者の整理を行っているのです
ガチャ
♫
あ
晴…白瀬さん!
先ほど教室の予約の件で倉本さんから電話が…
あら
はいはい
そうだったわ
えーと
…この人でいいかしらね
?
プルル
ガチャ
もしもし
松田様ですか?
若草村役場ブルーベリー教室担当の白瀬です
お世話になっております
実はお申し込みいただいていた日程の教室が定員オーバーでして…
ええ
?
お取りできるのは再来週以降になってしまうのですが…

松田さん
って方…
私が予約申し込みの
FAXを
受け付けたの
1週間前なんです
けど…
え!?
カチャン♬
さてと♪
プルル。カチャ
あ、倉本さん？
白瀬ですー
教室ね
OKに
なったから！
うん
大丈夫よ
うん
10時にね
楽しみに
してて！
ち
ちょっと
白瀬さん…
いまの
どういう
ことですか!?

え？どうって？
いまの電話
1週間も前に申し込んでいた方を断って
いまの人を優先したんですか？
？
それってどういう
ああ
全員にってわけじゃないのよ
さっきの方は年配の方2人の予約だったし
倉本さんはお子さんがいるから
だってブルーベリー「教室」でしょ？
農業や食について学ぶというのが目的じゃない
お子様連れを優先してあげたほうが教室の目的にかなうと思って
ま
まずいですよ！
予約というのは受け入れ条件に合う限り基本的に先着順でないと!!
え？でも…

こちらの判断で延期をお願いしたり割り込みを許したり「担当者に頼めば融通がきく」なんて口コミで広がったら…‼
桃本さん
先ほどの松田さんに連絡して申し込みの日時で大丈夫と伝えてください！
熊井さんにはちょっと負担になってしまいますが私のほうから頼んでおきますので…
はい
――白瀬さん
いったいどうしてこんなこと…
どうしてって…
だから子ども連れを優先したほうが理にかなっているじゃない
常に目的を確認して行動しようって満ちゃんも言ってることでしょ？

そうですけど割り込みを許すっていうのは…
そんなに目の色を変えることかしら？
損害を出したわけでもないのに…
それとも私、何か間違ってた？
………
晴子お姉ちゃん…白瀬さんの行動は
お客様との信頼関係を壊してしまいかねないことなのに…
白瀬さん問題を理解していない
でも、いままですごく頑張ってくれていたし
あまり強く言えないよ…
――という状況でして
とりあえず予約管理は当面の間桃本さんにお願いしたんですけど…
困ったことになりました…
ふむ
お前はどうするつもりなんだ？

どうって…
彼女にどんな処分を下すんだ？
処分なんてそんな
じゃあ、このままなかったことにするのか？
おじさんからうまく言ってもらえると助かるんだけど………
バカモン
こんなときにどう振る舞うのか
まさにリーダーとしてのお前の資質が問われているんじゃないか！
そんなぁ
リーダーって言ったって好きで始めたわけじゃないのに
だいたいどうして私なんかを特命村長に任命したの？
そりゃアレだ
応募者がゼロだったから
えっ

特命村長の任命は私の発案だったんだがな
募集期間の1カ月間、村民は誰も立候補しようとせん
で
仕事もなく東京でブラブラしているお前の本籍がここに残っていたからな
一応審査はしたし（本当の）村長も喜んでいたぞ
締め切り当日に私が推薦枠で申し込んで
滑り込みで任命が決まったというわけだ！
えええ
何よ、それー!?
どーせ
若い女性が特命村長になれば話題性があるとかそんなところでしょ
ま、そりゃ否定せんが…
それがこんな板挟みになるなんて…
まあ、聞け

話題性がある
というのが起用の
大きな理由なのは
事実だ
だが、私は
いまのお前には
リーダーの資質が
十分あると
思っているぞ
リーダーの資質…？
うむ
ここにヒントがある
「ふれあいを通して
この村を元気にする」
お前にまだ
その気持ちが
残っているのなら
そのために一番
いいと思う方法を
勇気を出して
選ぶんだ…！
リーダーシップは
才能や口先で
発揮するもの
じゃない
満…
それに
気づくんだ

若草駅
リーダーの資質かぁ
うーん…
リーダーにもいろいろなタイプがいるだろうしねえ
共通する資質なんてあるのかな？
そうなんだよねー
ニャア
どうしたの？シマさん
？
パラ
パララ、、
シマさん
ひょっとして文字、読める？…わけないか

リーダーシップが発揮されるのは、真摯さ（integrity）によってである。範となるのも、真摯さによってである。真摯さは、取って付けるわけにはいかない。…真摯さはごまかせない。

――P. F. ドラッカー『マネジメント（中）』P.109

何が正しいかよりも、誰が正しいかに関心をもつ者をマネジメントの地位に就けてはならない。仕事の能力よりも人を重視することは、堕落（corruption）であり、やがては組織全体を堕落させる。
――P. F. ドラッカー『マネジメント（中）』P.110
いかに知識があり、聡明であって、上手に仕事をこなしても、真摯さに欠ける者は組織を破壊（destroy）する。組織にとって最も重要な資源である人を破壊する。組織の精神を損なう。成果を損なう。
――P. F. ドラッカー『マネジメント（中）』P.110
………
ドラッカーの言う「真摯さ」ってどんな意味なんだろう?
ドラッカーの?
――和訳では〝integrity《インテグリティ》〟……という単語をこう訳したみたいだね
〝integrity〟……「誠実さ、高潔さ、清廉《せいれん》」……?

うーん
強い倫理観が
あって常に
公平でブレない
…って感じの
言葉みたいだ
ニャア
シマさん…
やっぱり
そうするしか
ないのか…
――
白瀬さん
私は白瀬さんが
このプロジェクトに
時間と労力を割いて
くれていることを
理解しているし
感謝もして
います
でも…
先日の件を
見過ごすことは
できません！

だから
それは…
すみません
白瀬さん
これは
譲れないんです
もちろん
よかれと思って
なさったことだとは
思います
だけど
白瀬さんがしたことは
お客さんを
選んでいる行為です
私たちが
「後回しにしていい人」
「割り込ませてもいい人」
を選別して
受け付けることは
若草村に興味を
持ってくれた人たち
との信頼関係を
破壊することに
なります！
申し訳
ありませんが…
この件は示しをつける
必要があります
当分の間
白瀬さんには
メンバーを外れて
もらいます
――
そう…
バタン…
――
これで
よかったのかな…

お前は
あのチームの
リーダーだ
いつかはこんな
局面が何らかの形で
訪れたはずだ
それが
いまだった
ってことだ
おじさん…
白瀬君も
まだ納得は
できないだろう
彼女にも時間が
必要だ
だがここで
もしお前が
情にほだされて
許してしまったら
他の奴らはどう
思うだろう？
「このプロジェクトは
その程度のものなんだ」
とあきれてやる気をなくし
志の低い馴れ合いの仕事を
するようになるだろう
逆に、今回
お前は
行動を通して
お前の本気を
みんなに伝えた
ことになるんだ
あとは白瀬君が
わかって
くれるのを
信じるしかない
信じるしか
な
……

組織の精神はトップで形成（create）される。組織が偉大（great）たりうるのはトップが偉大なときだけである。組織が腐るのはトップが腐るからである。

——P. F. ドラッカー『マネジメント（中）』P.110

リーダーシップとは、人のビジョン（sight）を高め、成果の水準（standard）を高め、通常の限界を超えて人格（personality）を高めることである。そのようなリーダーシップの基盤として、行動と責任についての厳格な原則、成果についての高度の基準、個としての人と仕事に対する敬意を、日常の実践によって確認していくという組織の精神に勝るものはない。

——P. F. ドラッカー『マネジメント（中）』P.111

ドラッカーのリーダーシップ論を読み解く

キーワード

真摯さ …… 英英辞典では、integrity=「正直であること、高いモラルを行動原理にもっていること」などと説明されている。仕事に対して「誠実で高潔で、信念を持ってブレない」姿勢のこと。

組織文化 …… 会社の運営力を決める要因のこと。徹底する対象は目標の達成だけでなく法律や規則の遵守も含む。組織文化は、その組織のトップが「何を・どれだけ言うか」で形成されるのではなく、「何を・どれだけ行うか」で形成される。

Project 07

明日の勝者、チェンジ・リーダー

—— 変化を率いる者が時代を創る ——

商品が受け入れられたとき、必然的にニーズには変化が生まれる。最初は小さな兆しだ。だが、それをとらえて、自分で大きな変化にしてしまえば、変化の波を都合のいい方向に導くことができる。ドラッカーの言うチェンジ・リーダーの心意気だ。
かつての上司、大宮がツアー企画を求めて若草村を訪ねてきた。「ようやく市場に認められた」と喜ぶ満たちだが……。

若草駅
若草駅
駅員さん
はい
村役場へ行く道を伺いたいのですが…
若草村役場
住民課
ざわ
ざわ
ざわ
しょぼん…
——で
観光客の動線の改善についてだが…
混雑問題
動線の改善について
——おい

聞いてるか！赤井!?
はっ
あ…！
は、はい……？
はー…
――あのさ
いい加減しゃっきりしてくれよ！
あんたが必要だと決断した処置だったんだろ？
ごめんなさい
ったくこれじゃ時間のムダだよ！
どかっ！
白瀬さんの件はいったん外すという処置だったんだし
いずれ機会を見て復帰してもらえば…
そうはいっても新しく若い人をチームに入れようかという話も出ていますからねぇ
またメンバーに戻すのであれば、それなりの理由が必要でしょうね
大義というかまぁ 口実だな
ええ…
コン
コン

赤井さん
来客です
!
大宮係長!?
よっ
ひさしぶりだな
テレビで村おこしの
話を知って
興味がわいてな
ま、今回は様子見
だからアポなしで
来てしまったが…
時間が合えば
挨拶でも、と
思ったんだよ
そうだったん
ですか…
時間は大丈夫
ですのでご案内
しますよ
観光客も
増えている
そうじゃないか!
……
はい…
…?

温泉の温度が高めなことを利用して
「ダイエット入浴法」を打ち出したところ女性の注目を集めまして…
確かに、美肌効果や女性に多い冷え性、血行不良の改善など
女性に関心の高い効能を持つ温泉地は企画しやすいからね
うちでも「ダイエット」を切り口にした温泉地をいくつかラインアップしておすすめツアーを作れないか、と考えているんだよ
観光客にとって十分魅力的な企画があれば検討したい
元同僚のよしみもあるからな
とはいえもちろんビジネスだから最終的には企画次第だぞ
近いうちに具体的な話がしたいんで
集客できそうな企画を用意してもらえるとありがたいな
はい…

……ふむ
赤井のやつ…何というか…覇気がなかったな
もっと成長していると思ったが、正直拍子抜けというか…
だが…この若草村は立地や雰囲気は悪くない
観光客の動線の整理にも着手しているというし…
日帰りや1泊2日でのツアー企画を立てられれば
安定した集客が見込めるかもしれないな
満さん！元気出してくださいビジネスチャンスですよ!!
桃ちゃん
そうだわもういい加減しっかりしないと…!!
これ以上みんなに心配をかけるわけにはいかないわ
ぐ

おはようございます!
みなさん ご心配と ご迷惑をおかけ してしまって すみません
そんな
元気になった ならよかった ですよ
青戸さんにも ご心配を おかけしました
お
おう 別にオレは 心配してた わけじゃない けどな!
にゃ
にゃ
・・・・
どうしたん ですか?
?
ゴホン
何でもない! ほら! 気を取り直して ミーティングするぞ!
ーーというわけで
これまでの路線の PRをさらに強化した形で 企画プレゼンに備える 予定です
ーーふむ
元気になったのは いいが…
以上か?
え?

大宮さんは「同じ趣向の温泉地を特集しておすすめ企画を作りたい」と言ったんだろ？
？はい…
それはつまりわれわれがターゲットにしている市場に変化が生まれているということ！
模倣か偶然かはわからないがライバルが出現しているということだ！
ええっ!?
いままでは若草村の注目度をアップさせるだけでよかった
だがこれからは〝ダイエットにおすすめ〟を謳う、その他の温泉地との差別化を図らなければならない
競合する温泉地の中から選ばれるにはどうするべきか？
……!!
市場に変化の兆しが現れたとき取り得る道は2つ
まずひとつは変化が目に見えるほど大きくなってからそれに適応しようとすること
だがこれでは常に〝遅れて来た者〟として振る舞うことしかできない！

もうひとつの道…
それはチェンジ・リーダーになることだ!
チェンジ・リーダー…?
そう——変化を率いる者《チェンジ・リーダー》
変化の兆しが現れたらそれを自分たちで大きな変化にしてしまう
自分たちが新しいトレンドを作ってしまうんだよ
そうか…!そうすればどこよりも新しいアイデアを提案できる!!
その通り
「変化はコントロールできない。できることはその先頭に立つことだけである」——
ドラッカーの言葉だ

うまくいく保証はない
だが
チャレンジなくして成功も勝利もない！
変化は常態である。変化はリスクに満ち、楽ではない（painful and risky）。悪戦苦闘（a great deal of very hard work）を強いられる。だが、この変化の先頭にたたないかぎり、…生き残ることはできない。急激な構造変化の時代にあっては、生き残れるのは、自ら変革の担い手、チェンジ・リーダー（Change Leader）となる者だけである。
——P. F. ドラッカー『明日を支配するもの』P.82
「チェンジ・リーダー」？
はい！
「ライバルを導いてやる」くらいの気概で新企画を打ち出しましょう！
せっかく軌道に乗ってきたところですがここで見直しとなると混乱しそうですね…
当然、いままで進めてきた中でも捨てるべきアイデアがあるだろうしな

ええ
そのぶん
エネルギーは
必要です
でもこれは
プロジェクト飛躍の
チャンスです！
いいものは残し
さらに改善を
加えていきましょう
変化と継続は対立するものではない。二つの極（poles）とみるべきものである。組織は、チェンジ・リーダーになればなるほど、内外いずれにおいても、継続性（continuity）の確立を必要とし、変化と継続との調和（balance）を必要とする。
――P. F. ドラッカー『明日を支配するもの』P.103
なるほど…
プロジェクトの
性格を見直す
いまだからこそ
ミッションを
再確認することは
大切ですね
ええ
組織の基本（fundamentals of the enterprise）にかかわること、すなわち、組織の使命、価値、成果と業績にかかわること（definition of performance）については、継続性が不可欠である。チェンジ・リーダーにとっては、変化が常態であるだけに、とくに基本を確立しておかなければならない。
――P. F. ドラッカー『明日を支配するもの』P.105
ふむ
「ふれあいを増やす」
ミッションは継続しつつ
観光企画には新しい
コンセプトを付与する
必要があるな…
……
じっ・・・
！

えーと
し
宿題にしましょう!!
(みんなの)
ミーン
ミン
ミー…
ミーン
ミン
ミー…
──新しいコンセプトかあ
何がいいかなあ…
うーん…
このパターン前にもあったなー
いままでの観光企画の大筋は…
温泉では……
・やせる入浴法の推進
↓どの温泉でも実践可能
・湯巡りのスタンプラリーを導入。スタンプを全部押したら記念品贈呈
↓計画進行中。動線の整理が必要
・温泉旅館では低カロリーメニューの選択ができる
↓一部旅館で実施中。女性や年配層に好評
農作物では……
・若草村で生産している農作物の地域ブランド化
↓ブルーベリーを中心とした果物の効能をアピールし、加工食品、生果を若草村ブランドとして販売中
↓食育に貢献する果物狩りやジャム作り、農業体験などを実施中。村の内外との交流が増加
…このあたりが軸だよね
旅館のメニューでは地産地消ということで温泉と農家が連携しているけど一体感を印象づける材料としては弱いなあ…

移動手段として村を巡回するバスチケットも始める予定だけど
これはインフラ整備の一環だから表に打ち出すようなものでもないし…
！
ねえ俊ちゃん！
今日はシマさんは？
ん？
さっきまでそこで昼寝してたけど…
ニャー
あ…外にいるみたい！
ミーン
ミン
ミー…
シマさんやーい♡
ニャ
ゴシ
！
あれは…
――
ひょっとして…

ゴシ
ゴシ
ゴシ
ゴシ
ゴシ
……晴子お姉ちゃん？
びく
！
………満ちゃん…
若草村観光マップ
ニャア
――旅行代理店からオファーがあったって聞いて…
私なりに考えたの
満ちゃんが言ってた「お客様との信頼関係」という話
私は自分が感謝されていい気分になることでそれを「いいこと」だと勘違いしていたかもしれないって
でもそれは、どんなお客さんも平等に扱うという〝商品〟としてのクオリティを壊すことにつながってしまっていたのよね…

晴子お姉ちゃん
……………！
私はもう
みんなといっしょに
仕事できないかも
しれないけど
やっぱり少しでも
役に立ちたいなって
オブジェとか看板は
野ざらしだから
どうしても
汚れちゃうでしょ？
そうなんだ
そのヘルメット
とかは…？
ああ
これ？
最近、
自転車を
始めたのよー
恥ずかしいわ
少しやせたら
欲が出ちゃって
活動量が
上がったせいか
体調もいいの
…
うちのダンナにも
勧めてみようかと
思ってー♪
そ…
それです!!
え？
ミャア

「健康になれる村」？
そう！
「若草村に滞在すると健康になれる」
そんな進化したコンセプトを打ち出すんです！
……ふむ
その方向性なら農作物と温泉のPRがひとつの基軸にまとまりそうですね
ああ
ライバル地より目的意識の高い滞在を楽しんでもらえそうだ
運動という切り口も追加できそうですね
ウォーキングの距離に応じてスタンプを押せるようにすれば滞在中の時間の過ごし方を新たに提案できます
減量合宿なんてどうですか？
何通りかの滞在日数で入浴、食事、運動のメニューを用意して….
おもしろいな
中高生の部活動や実業団のスポーツ合宿なども誘致できればさらにイメージがよくなりそうだ
スタンプラリー完成の景品を香々美さんにお願いするとか！
お前が頼めよそれ
いいけど

にしてもこのアイデア…満さんがひとりで考えたんですか？
いいえ
実はこれ
ある人にヒントをいただいたんです
ある人？
――入ってきてください
ガチャ
白瀬さん
チームを外れてもプロジェクトのことを考えてくれていたんです…！
これは私からのお願いですが
これを機にもう一度白瀬さんをチームに加えたいのですがどうでしょうか？
このコンセプトだとちょうど白瀬さんの年代のユーザーのニーズを押さえることが重要だと思いますし…

オレは構わないぜ
もう解決したっていうならそれでいい
赤井さんがそう判断したのであれば
私も異存はありません
同じく
ターゲットになるお客様に近い目線のメンバーがいるのは心強いですからねえ
ありがとうございます…‼

――にしても
わざわざ仕事を増やしたいなんてさ
アンタも相当物好きだよな
――ふふ
…本当にそうね
よーし
では気を取り直して
大宮さんの企画プレゼン必ず成功させましょう!!

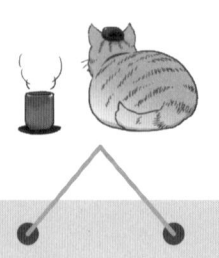

ドラッカーのリーダーシップ論を読み解く

キーワード

チェンジ・リーダー …… 構造改革が急激に行われる変化の時代にあって、自ら変革を起こし、担うことができるリーダー。

リーダーシップ …… 組織全体の人材、資源の働きの総和に配慮しながら、全体としてのベストの成果を達成するよう作戦を立て、組織を率いること。

Project 08

さよなら、若草村プロジェクト

―― 偉大なリーダーは自らを知り、自らを育てる ――

ひとつ成果をあげれば、次はより大きな成果が求められるのがビジネスの世界だ。前と同じ人間が、同じことをするのでは、評価を得るのは難しい。だからリーダーは成長しなければならない。満の特命村長としての任期は終わりを迎えようとしていた。この先の仕事人生に悩む満に対し、黒住が最後に授けたドラッカーの知恵とは……？

大宮さんへの企画プレゼン当日——
…ということで各温泉宿の混雑状況をデータ化
ウェブ上や村の電子案内板に掲載することで観光客は空いている温泉を狙って湯巡りを楽しめる…
というわけです
60%
40%
温泉の混雑状況は「ゆったり指数」としてアイコン化して直感的にわかるようにしています
温泉宿のキャパシティに不安があるとのことでしたが
こうして入浴客の交通整理をすればある程度解消できると予想しています
「ある程度」…というのは？

こく
ガタ
…はい
週末の観光客が現状の30％増でも本システムで混雑を調整できれば
各浴場の利用者は混雑時でも最大20～30人程度に保たれ、長い待ち時間は発生しない計算です
この村の平均的な浴場規模における数値なので状況によってばらつきは出ると思いますが…
温泉の混雑状況を示すことで「次にどこに行こう」と計画して散策する楽しみが増すというメリットもあります
「健康になれる」と言うけど
その達成感はどう演出するつもりですか？
はい
「健康ツアー」に参加する方には滞在中の行動を記録する「わかくさカルテ」を配ります
ウォーキングコースを歩く方には万歩計を貸し出し
休憩所には血圧や心拍数の計測装置を置き測定してカルテに記録できるようにします

食事も地元の野菜や果物を中心としたメニューで
合宿コースでは健康状態をチェックしながら摂取カロリーを選択できるメニューや
減塩食、美容食コースなども提案します
スタンプラリーを完全制覇した方には「若草村健康温泉記念証書」と
石川香々美さんの作品レプリカを贈呈することも考えています
香々美さんの担当は浅黄さんが引き継いでます
ほう…
——うん
おもしろいんじゃないか
では…！
もちろんここで即答はできないが…
持ち帰ってさっそく前向きに検討させていただこう
はい

いい感じじゃないか
え？
この前来たときはうちを辞めた頃と変わっていないような気がしていたんだがな
少しは成長したんじゃないか？
！

エヘヘ でも私…いまだに仕事は遅いし できないことだらけで…
みんなにお願いしてばっかりです
…だが それがリーダーってものじゃないか
ひとりでできることなんてたかが知れている
だからこそ メンバー一人ひとりの力を結びつける役割を担う人が必要なんだ

ひとりで働き、ひとりで成果を出す人はわずかである。…ほとんどの人は、他の人の力を借りて（through other people）成果をあげる。…したがって成果をあげるには、人との関係について責任（relationship responsibility）を負わなければならない。

──P. F. ドラッカー『明日を支配するもの』P.219

あのときはオレも
未熟だったが…
いまのキミとなら
喜んでまた
仕事をしたいね
若草駅
──こうして
「ダイエット」に
留まらない温泉ツアーを
提供できるエリアとして
若草村はめでたく
クローズアップされる
ことになったのでした
大宮さん…！

ブルーベリージャム作り
すべての企画がうまく動き出して
混雑の問題で一時期不満の声をあげていた観光客や村の人にも笑顔が戻ってきました
そして後日
大宮さんが取ってきてくれたとある会社の慰安旅行も大成功に終わり
村おこしプロジェクトはいよいよ軌道に乗って盛り上がってきました

数カ月後――
それぞれのメンバーは持ち場をしっかりこなしており
私は要所のチェックや予算の配分など
ベリー教室
根幹となる部分だけを押さえておけばプロジェクトが動くまでに成長していました
これがお互いの強みを持ち寄るということなんだ…
旅行業のノウハウは知識としてある程度持っていたけれど
以前の私にはこんなことはできなかった…

この調子なら
私がいなくなっても
村おこしプロジェクトは大丈夫だよね…
——そう
私の特命村長としての任期は
残すところあと1カ月で終わりを迎えようとしていたのでした
私がいなくなっても…かあ
ヒュウ…
若草駅
これから私…どうしたらいいんだろ～?
ねーシマさん
ニャア
…ふむ
次に進むべき一歩に悩んでいるわけか
ザッ

おじさん⁉
よ
やっぱり駅《ここ》にいたか
やっぱりって？
俊明くんから聞いているぞ
お前は悩みがあるとここでシマさんに相談してるんだろ？
ニャ
うっ
そ、そうだけど…
最近また何か悩んでいたみたいだったからな
シマさんはオレが拾ってきたんだよ
えっ
うちの京おばさんはアレルギーでネコを飼えないんでな
おじさんもシマさんのこと知ってるの？
ドサ
ま、いろいろ当たってここの駅長にしてもらえることになったわけだ
へえー
お、おじさんらしいというか……
ゴロゴロ

次に進むべき一歩…
くどいようだがそのために必要なのは
とにかく自分の強みを理解することに尽きる
でも私に強みなんか…
強みを知るとは自分自身を知ろうとすることだ
人によっては苦手なことや自分の欠点を考えたほうが早いかもしれないな
短所は裏返せば長所でもあるわけだから
?
例えば人に指示を与えるとき自分が口下手だと思うなら文章を書いて伝えればいい
理路整然として的確な行動を部下に促すだろう

逆に書くのが苦手なら無理に文章で指示することはない
口で伝えれば正確さは失われるかもしれないが
心を鼓舞《こぶ》しより自主的な行動を促せるはずだ
要するにすべての人に当てはまる仕事の仕方なんかないってことさ
人にはそれぞれ自分に合ったやり方がある
それは一人ひとりの価値観が違うからだ
ならば自分は職業人としてどんなタイプなのかを知る必要があるというわけだ
ドラッカーはこう言っている
「もっとも成果をあげる者とは自分自身であろうとする者だ」と…
無理なことは得意な人に任せればいい
逆に人には無理でも自分には簡単なこともあるはずだから
そうすれば
自分自身のことも一組織としてとらえそのリーダーとして自らを導くことができると思うぞ

自らをマネジメントする（managing Oneself）ということは、ひとつの革命である。…あたかも組織のトップ（a Chief Executive Officer）であるかのように考え、行動することを要求する。

──P. F. ドラッカー『明日を支配するもの』P.231

「組織はトップの器以上に大きくならない」とよく言うだろう
これからのお前は仕事の知識やスキルを高めるだけではダメだ
人間として大きくなることも目指していかなければな
っっっ
人間としてって…
なんか大げさだな～
ただの進路相談なのに

発展させるべきものは、情報ではなく、洞察（foresight）、自立（self-reliance）、勇気（courage）など人に関わるものである。換言するならば、それがリーダーシップである。聡明さ（brilliance）や才能（genius）によるリーダーシップではなく、持続的なリーダーシップ、献身（dedication）、決断（determination）、目的意識（serious purpose）によるリーダーシップである。

──P. F. ドラッカー『経営者の条件』P.221

いや
そうでなければお前が持てるチームがこれから先、大きくなることはない

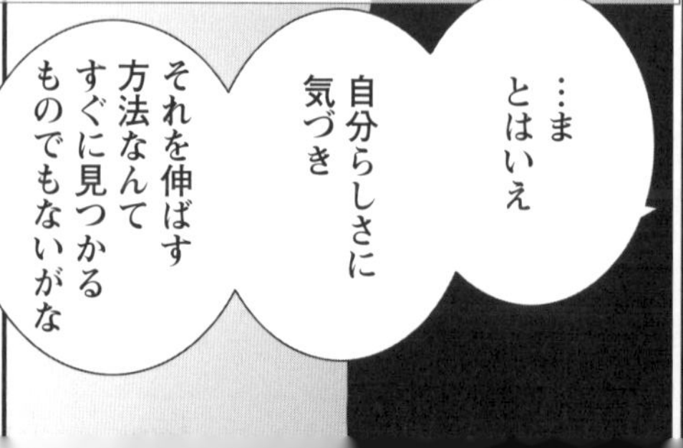
…まとはいえ
自分らしさに気づき
それを伸ばす方法なんてすぐに見つかるものでもないがな

そっかー
うーん…
黒住のおじさん
もうすぐ電車がきますよ
お、そうか
じゃあオレはそろそろ…
くい
くい
くい
……
シマさん?
仕方ないな…
これはあまり教えたくはなかったんだが…
満
いっしょに来るか?
?

児童養護センター
あ！
おいちゃんだぁー
わー！
きゃー♫
おいちゃーん!!
わーい♫
おいちゃん！こないだの続き〜！
おう！そうだな
ぽかん
ええーっ!?
あのおじさんが児童養護施設でボランティア…
もう10年以上毎週こうして来ていただいてイベントとかでも大活躍なんですよ
そうだったんですか…

ね
おねえちゃんも読んでー
私？
――どうだ？
何か発見はあったか？
発見というか…
小さい子の相手なんて超ひさしぶりだもん
体力使うね～
でも、意外と悪くないっていうか…
こんな私でも喜んでもらえるんだなーとか…
エヘヘ
…自分には価値がある…
そう思える場を持つことだ

仕事がいつも
うまくいくとは
限らないからな
落ち込んだり
悩んだりすることは
誰にだってある
そんなとき
「自分だって人の役に
立てるんだ」
「自分は誰かに必要と
される存在なんだ」と
思えれば、
それが心の支えに
なるし新しい
チャレンジをする
自信になるんだ
そしてそれは
ひとつの「成功」と
言えると思わないか？
自分の価値を
社会のために
使えるという
意味では
仕事も
ボランティアも
同じじゃないか
知識社会では、成功が当然のこととされる。だが、全員が成功するなどということはありえない。…（そこで）第二の人生、パラレル・キャリア、篤志家（social venture）としての仕事をもつということは、社会において、リーダー的な役割を果たし、敬意を払われ、成功の機会をもてるということである。
――P. F. ドラッカー『明日を支配するもの』P.231
もちろん
あそこへ通え
というわけ
じゃない
だが
「次に何を
しよう？」
「自分をどう
成長させよう？」
と考えている
のなら
シビアな
仕事以外で
誰かの役に
立てる場所を
見つけるのも
いい刺激に
なるぞ

そっか
考えてるだけじゃなく動いてみないとわからないこともあるってことね…

強みを生かすということは行動することである。人すなわち自らと他人を敬うということである。…強みを生かすことは、実行によって修得すべきこと（learning through doing）であり、実践によって自己開発すべきもの（self-development through practice）である。

──P. F. ドラッカー『経営者の条件』P.220

ああ 人によって「最高」と思える場所は違う
だから 好きな場所を見つければいいんだ
お前の言葉には裏がない
いつも〝まっすぐ〟だ
あいつらがここまでお前に力を貸してくれたのも
お前のその性格があったからだと思うぞ
ま、
それが悪いほうに出ると
ひとりで根を詰めたり
人に仕事をさせないことになったりするわけだが

いまの時代
必ずしも一生 同じ組織で 勤めあげる必要は ない世の中だ
興味のある世界に 飛び込んでごらん
お前ならきっと やれるさ
いま
私が一番 やりたいこと…
——じゃあ みなさん
面接試験
若草駅
いってきます!

いってらっしゃい！
頑張ってくださいね
みなさん、ありがとうございます
頑張れよ
シマさんもありがとう
応援しててね…！
ニャ♥
——ご覧の通りうちは小さな旅行会社で…
かなりニッチな分野のバリアフリー旅行を専門に扱っています
よろしければ赤井さんの志望動機を…
——はい
私は…
—END—

おわりに

本書では、ドラッカーがさまざまな著作の中でリーダーシップに関して語っている部分を取り出し、トピックとして整理して、かみ砕いてまんがにして紹介しました。ドラッカーのリーダーシップ論の本質をひとことで言えば、「メンバーの心をひとつにし、自発的な行動を促して成果を生むための知恵」と呼べるでしょう。

ドラッカーは、人のやる気を引き出し、成果をあげさせるには、その人に誠実に向き合い、強み（＝得意なこと・得意なもの、その人の本質）を見出すことが大切であると、しばしば説いています。ＳＮＳやメールなどによって、コミュニケーションの効率化がますます進む中、リーダーたる者がもっとも心掛けるべきことだと言えるのではないでしょうか。

ＩＴのさらなる発達や、３Ｄプリンタをはじめとする新技術の登場によって、情報・物流などのボーダーレス化がますます進んでいます。ビジネスのあり方は、今後も大きく変わっていくでしょう。

しかし、そうした表面的な変化に適応することばかりに目を向けていると、仕事にお

ける普遍的な側面、〝人〟の部分を見落としてしまいがちです。ときどきは本書を開いて、ドラッカーの教えを振り返ってみてください。

リーダーとして振る舞うことは、何も組織のトップだけに求められることではありません。自分ができることを通して、組織にいい影響を与えようと心掛けることは、メンバー全員に求められるリーダーシップであると言えるでしょう。人は結局、置かれたポジションで強みを生かすことでしか、輝くことはできないのですから。

できないことにとらわれるのではなく、できることを考える。人に対しても、自分に対しても、そういう意気込みでチャレンジを続けることが大切なのだと思います。ドラッカーのリーダーシップ論は、仕事にかかわらず、ボランティア、家族、部活、サークル活動など、あらゆる人の集まり（組織）にとって役立つ教えです。

本書がみなさんの今後の活動の何らかのヒントになれば、うれしく思います。

藤屋伸二

Profile

〔まんが〕

nev

まんが家、イラストレーター。『まんがと図解でわかるニーチェ』(白取春彦 監修)、『まんがと図解でわかる宇宙論』(竹内 薫 監修)、『爆笑コミックエッセイ 株主優待だけで優雅な生活』(みきまる、www9945 著、いずれも小社刊)などでもまんがを描いている。

〔監修〕

藤屋伸二(ふじや・しんじ)

藤屋マネジメント研究所所長、差別化戦略コンサルタント。1956年、福岡県生まれ。1998年からドラッカー研究を始める。そして独自の差別化戦略のコンサルティング手法を開発し、中小企業を対象とする“ドラッカーを活用した差別化戦略”の導入を得意とする。これまでに200社以上の業績V字回復や業態転換などを支援してきた実績を持つ。著書・監修書には『まんがと図解でわかるドラッカー』『まんが 元自衛官みのり ドラッカー理論で会社を立て直す』(ともに小社刊)などがあり、累計発行部数は161万部超。セミナーなども積極的に行っていることから、「日本でもっともドラッカーをわかりやすく伝える男」「ドラッカーの伝道師」と呼ばれている。現在、中小企業にドラッカー活用法を普及させるための【ドラコン藤屋の経営塾】を主宰している。
http://fujiya-management.jp/

~ P.F.ドラッカーについて~

ピーター・ファーディナンド・ドラッカー(Peter Ferdinand Drucker、1909 ~ 2005年)は、「経営学の父」とも呼ばれ、現代の経営学に登場する多くの経営・管理の概念を生み出した人物。ウィーンで生まれ、ハンブルク大学で法学を学び、フランクフルト大学で国際法・国際関係論の博士号を取得。並行して貿易会社のアシスタント、証券アナリスト、新聞記者、大学教員など多くの職に就く。ナチス台頭を契機にイギリス、後にアメリカへと渡る。1939年、処女作『「経済人」の終わり』で注目を浴び、ゼネラル・モーターズなど世界企業の経営コンサルティングを行った。著書に『経営者の条件』『現代の経営(上・下)』『マネジメント 課題、責任、実践(上・中・下)』(いずれも上田惇生 訳、ダイヤモンド社)など多数。

まんがでわかる
ドラッカーのリーダーシップ論

2014年4月28日　第1刷発行

監修　藤屋伸二
まんが　nev
発行人　蓮見清一
発行所　株式会社 宝島社

〒102-8388 東京都千代田区一番町25番地
電話：営業 03-3234-4621／編集 03-3239-0646
http://tkj.jp
振替：00170-1-170829 ㈱宝島社

印刷・製本　サンケイ総合印刷株式会社

ISBN978-4-8002-2376-0